Spielen, Lachen, Lernen, Erwachsenwerden - dieses Buch ist für Kinder und Jugendliche geschrieben. Deswegen sollte es nicht nur für sie, sondern auch von ihnen gestaltet werden. Im Rahmen eines Schulwettbewerbs wurde gezielt nach jungen Talenten für die Illustrationen gesucht. Dank der 17-jährigen Gewinnerin Magdalena Klinar nehmen Paul und seine Freunde nun in 20 Zeichnungen tatsächlich Gestalt für uns an.

Leon Weber wurde 1980 in Velten in Deutschland geboren. Das Studium der Germanistik und Anglistik führte ihn nach Berlin. Nach dem Studium arbeitete er als Reisejournalist in den verschiedensten Ländern. 2014 zog er mit seiner Frau wieder zurück nach Deutschland und ließ sich in der Nähe von Berlin nieder. Gemeinsam mit ihren drei Kindern und dem Labrador-Mischling Bruno genießen sie das Vorstadtleben.

Selbst ein Mensch, der sich für das geschriebene Wort begeistert, war Leon Weber überrascht, dass sein ältester Sohn kein Interesse am Lesen entwickelte. Was aber alle seine Kinder lieben, ist Fußball. Deshalb wuchs in ihm nach und nach die Idee für ein Fußballbuch für junge Leser. Mit seinem Sohn als kritischem Testleser entstand so sein erstes Kinderbuch Nur Fußball im Kopf.

INHALT

PERSONENVERZEICHNIS

Paul ist 10 Jahre alt, findet Mathe blöd und würde am liebsten den ganzen Tag am Fußballplatz verbringen. Er spielt als linker Innenverteidiger in der E-Jugend des FC Torpedo Felsental und ist ein großer Manchester United Fan.

Pauls Familie besteht aus seiner Mama, seinem Papa, seiner Oma und seiner kleinen Schwester Flora. Flora ist 8 Jahre alt. Sie kann zwar manchmal recht anstrengend und vorlaut sein, findet Paul, aber oft ist sie so witzig, dass er laut lachen muss.

David ist einer von Pauls zwei besten Freunden und Stürmerstar des FC Torpedo Felsental. Seine Mutter kommt aus dem Sudan und ist nach Deutschland gezogen, weil sie sich in Davids Papa verliebt hat. Er ist ebenfalls 10 Jahre alt und geht mit Paul in dieselbe Klasse.

Justus ist Pauls zweiter bester Freund. Er drückt mit ihm und David die Schulbank und steht für den FC Torpedo Felsental im Tor. Zu Pauls Leidwesen sind David und Justus Anhänger des FC Liverpool, die drei Freunde nehmen es aber mit Humor.

Charlie geht ebenfalls in dieselbe Klasse wie Paul, Justus und David, hat aber mit Fußball absolut nichts am Hut. Weil er aber immer lustige Geschichten und einen coolen Spruch auf Lager hat, mag Paul ihn trotzdem. Sein Hund heißt Titus und ist zwar der größte, aber auch der kuscheligste Hund der Welt.

Tamara ist eine begeisterte Fußballerin, deren Talent die drei Freunde erst so richtig auf der gemeinsamen Schullandwoche entdecken. Sie trainiert hart und diszipliniert und ist – für ein Mädchen – eigentlich ganz cool.

Max spielt Fußball für den TuS Baumfeld und war Paul schon im Kindergarten nicht sonderlich sympathisch. Für seine 10 Jahre ist er ein echter Riese und sieht mit seinen wilden Locken ein bisschen aus wie Rübezahl.

Herr Leopold ist der Trainer des FC Torpedo Felsental und wird von allen immer nur Coach genannt. Teamgeist, Fair Play und Respekt für den Gegner ist ihm das Wichtigste beim Fußballspielen.

Herr Pammer ist der Sportlehrer von Paul, Justus und David. Aus völlig unverständlichen Gründen interessiert er sich aber nicht sonderlich für Fußball.

Frau Schweizer ist die Klassenlehrerin unseres Fußballtrios und steckt noch voller Überraschungen. Auch wenn Paul es sich nicht hat träumen lassen, weiß er ihre Tipps und Tricks bald sehr zu schätzen.

WER BRAUCHT SCHON MATHE?

„Zieh noch dein schönes Hemd an!“ Meine Mama ruft mir durch die ganze Wohnung zu, was ich anziehen soll. Dabei habe ich überhaupt keinen Bock auf so einen nervigen Elternabend. Aber Mama und Papa meinen, ich soll mitkommen. Ich verstehe gar nicht, wieso. Meine besten Freunde Justus und David dürfen zu Hause bleiben. Es gehen ja nicht einmal alle Eltern hin! Und dann muss ich dafür auch noch extra eine schöne Hose und das Hemd anziehen. Das nervt. Was für eine schöne Hose eigentlich, die haben doch alle Löcher. Die kommen vom Fußball spielen. Viel lieber als in die Schule, gehe ich nämlich Fußball spielen. In der Küche versuche ich noch einmal meinen Papa zu überreden. Der gibt eher nach als Mama. „Papa, das ist doch komisch, als Kind zu einem Elternabend zu gehen. Besser, ich überlege mir zu Hause eine neue Taktik, damit meine Mannschaft das nächste Spiel gewinnt!“ Doch Papa lächelt mich nur milde an. „Paul, darüber haben wir doch schon gesprochen. Komm, gut siehst du aus in deinem Hemd.“ Na toll, jetzt muss ich da wirklich hin.

Die Schule schaut heute ganz anders aus als sonst. Überall gehen Erwachsene herum, die sich schick angezogen haben. Sie trinken Kaffee und holen sich Kuchen bei einem Stand, den die 3b betreut. Ich wette, dieser Elternabend ist nur eine Ausrede, damit sie alle gemütlich herumstehen und mampfen können. Kinder sehe ich überhaupt keine. Na gut, zwei oder drei vielleicht. Ich wusste doch, das ist nicht normal! Wenigstens darf ich mir auch vom Kuchenbuffet etwas aussuchen. Ich nehme eine Nussschnecke mit Zuckerguss und gebe dafür eine Spende von einem Euro in die Sparbüchse. Na, zumindest schmecken tut es hier richtig lecker!

Am meisten nervt mich, dass man sich auch noch anstellen muss vor den Klassenzimmern, damit man mit den Lehrern reden darf. Stellt euch das mal vor! Die Erwachsenen sind schon komisch. Wir stellen uns bei meiner Mathe-Lehrerin Frau Vogelbichler an. Wir stellen uns deswegen hier an, weil Mathe blöd ist. Meine Eltern aber sagen Mathe sei nicht blöd. Sie sagen, ich hätte Schwierigkeiten. Das ist wohl ein klassischer Fall von unterschiedlicher Wahrnehmung.

Ich verstehe sowieso nicht, wofür es so wichtig sein soll, dass ich Rechnungen lösen kann. Das braucht doch kein Mensch. Außerdem kann ich schon alles, was ich wissen muss. Ich kann zählen. Von eins bis elf, so viele Spieler braucht man für eine Mannschaft. Zwei Mannschaften spielen gegeneinander, das heißt zwei mal elf Mitspieler, macht also 22 Spieler auf dem Feld. Dazu kommt noch der Schiri.

Bei geometrischen Formen kenne ich mich auch aus. Ein Fußball ist rund und hat einen Umfang von 64 bis 66 Zentimeter und einen Durchmesser von circa 21 Zentimeter. Zumindest in der E-Jugend, in der ich spiele. Die Profis spielen mit einem etwas größeren Ball.

Auch Flächen berechnen ist supereinfach. Fußballfelder sind nicht alle gleich groß. Es gibt aber Vorgaben. Die offiziellen Fußballfelder sind 90 bis 120 Meter lang und 45 bis 90 Meter breit. Das ist ein riesiger Unterschied! Ein kleines Feld mit 90 mal 45 Meter ist also 4.050 Quadratmeter groß. Ein großes Feld mit 120 mal 90 Meter hat dagegen 10.800 Quadratmeter. Das ist mehr als doppelt so groß! Das habe ich jetzt nicht im Kopf berechnet, aber ich kann das alles ausrechnen.

Und ich bin super darin, Entfernungen einzuschätzen. Zum Beispiel gibt es beim Fußball den Elfmeter-Punkt. Gibt es einen Strafstoß, darf ein Spieler von diesem Punkt aus auf das Tor schießen. Dabei gibt es nur den Schützen und den

Elternsprechtag
Ich brauch kein Mathe

Torwart. Elfer sind echt das Spannendste. Wenn meine Freunde und ich im Innenhof spielen, dann gibt es aber keine Markierung und niemand weiß, wo der Elfmeter-Punkt ist. Dann bitten immer alle mich, zu bestimmen, von wo aus geschossen wird. Weil ich kann das von allen am besten beurteilen. Soll jetzt nicht überheblich klingen, ist halt einfach so.

Ich weiß also schon alles, was ich wissen muss.

Als wir endlich drankommen, erzähle ich genau das auch Frau Vogelbichler. Sie lacht und sagt, dass ich ein schlauer und intelligenter Junge bin. Da muss ich auch lachen. Auch wenn Frau Vogelbichler und ich die Dinge nicht immer gleich sehen, freue ich mich über das Kompliment. Nur, dass ich Mathe blöd finde, das sage ich ihr nicht. Wahrscheinlich mag sie Mathe ja.

Ich bin froh, dass ich mitgekommen bin und Frau Vogelbichler gesagt habe, wie ich das mit dem Rechnen sehe. Wir fahren wieder nach Hause, wo ich mich endlich wieder den wichtigen Dingen widmen will: meinem Fußballsticker-Album.

Doch dort angekommen schickt mich Mama direkt ins Bett, weil es schon so spät ist. Mama und Papa dürfen natürlich wieder aufbleiben - immer das Gleiche. Aber dann schaue ich mir mein Album eben einfach heimlich an. Dafür habe ich extra eine Taschenlampe in meinem Bett versteckt. Und morgen ist Samstag, da startet das Fußballtraining im Freien wieder. Darauf freu ich mich schon den ganzen Winter. Dann können wir endlich wieder draußen spielen.

DAS TRAINING

Justus und David sind meine besten Freunde. David wird aber nicht „David“ ausgesprochen, sondern „Deivid“. Also wie bei David Beckham, so wie die Engländer oder Amerikaner eben David sagen. Justus wird ganz normal ausgesprochen. Wir alle sind Mitglieder des FC Torpedo Felsental. FC steht für Fußballclub. Und wir spielen alle in der E-Jugend, das ist die Altersklasse bis elf Jahre.

Mein Papa fährt mich zum Training. Dabei holen wir auch gleich noch David ab. Davids Mama bedankt sich bei Papa fürs Mitnehmen. „Ist doch kein Thema, Frau Müller, wir fahren ja sowieso“, sagt Papa. Davids Mama kommt aus dem Sudan. Das ist ein Land in Afrika. Sie hat sehr dunkle Haut und lange, schwarze, geflochtene Haare. David hat auch dunkle Haut, aber sie ist viel heller als die von seiner Mama. Das kommt daher, da sein Papa weiß ist, so wie meiner. Davids Papa hat einmal in Afrika gearbeitet und da haben sich seine Eltern kennengelernt und verliebt. Davids Mama ist dann mit ihm nach Deutschland gekommen. David hat uns auf dem Globus einmal gezeigt, wo der Sudan ist. Das ist eine sehr weite Reise! Ich weiß nicht, ob ich so mutig wäre wie Davids Mama, so weit von meinem Zuhause wegzugehen. Schon gar nicht wegen eines Mädchens! Die sind nämlich manchmal etwas nervig und gar nicht zum Verlieben. David und Justus sind da ganz meiner Meinung.

Am Fußballplatz treffen wir dann auch Justus. Unser Trainer Herr Leopold, den wir nur Coach nennen, trommelt uns alle zusammen. „Endlich Frühling! Ich hoffe, ihr freut euch genauso auf die Freiluftsaison wie ich! Schön jedenfalls, dass alle da sind. Wir haben drei Wochen bis zu unserem ersten

Freundschaftsspiel. Die wollen wir nutzen!“ Unsere Mannschaft spielt nämlich immer entweder Freundschaftsspiele oder Turniere. Die Erwachsenen sagen zumindest, es seien Freundschaftsspiele, aber für mich geht es um alles! Das hat nichts mit Freundschaft zu tun. Ich will unbedingt gewinnen. Deswegen gebe ich auch beim Training immer Hundertprozent.

Der Coach bläst in seine Trillerpfeife. Das ist das Zeichen für uns, die Bälle zu holen. Alle stürmen gleichzeitig in den Gang Richtung Ballkasten. Jeder darf sich für das Training einen eigenen Ball holen. Aber manche Bälle sind besser als die anderen, sie sind neu und mit ihnen macht es einfach mehr Spaß. Daher will jeder einen neuen Ball ergattern. Diesmal verschlafe ich aber den Pfiff, weil meine Schuhbänder aufgegangen sind. Endlich am Ballkasten angekommen habe ich nur mehr die Auswahl zwischen drei alten Bällen. Die sehen alle richtig traurig aus. Vermutlich so wie ich gerade. Ich drücke jeden Ball. Die haben ja nicht mal richtig Luft! Jetzt muss ich auch noch an die Pumpe, damit aus dem Ei so etwas wie ein Fußball wird. Nächstes Mal werde ich den Pfiff nicht verschlafen und mich gleich in Richtung Ballkasten stellen. Dann erwische ich den besten Ball von allen. Das nehme ich mir fest vor, während ich pumpe. Super, ich bin schon vom Pumpen außer Atem. Während ich noch Luft in den Ball bringe, laufen die anderen bereits auf das Feld.

Der Coach hat Hütchen auf dem Feld aufgestellt. Er ist echt ein klasse Trainer. Wir üben Ballannahme und Ballmitnahme. Aber irgendwie klappt es heute nicht so recht. Ich will den Ball direkt in die Bewegung mitnehmen, aber der Ball will nicht. Wahrscheinlich einfach die lange Winterpause – oder der alte Ball. Bei dem hängen ja schon die Fetzen weg. Wohl eher der alte Ball. Blöde Schuhbänder.

Trainer

Dann machen wir Schusstraining. Ich treffe das Tor fast jedes Mal, nur ein einziges Mal schieße ich daneben – und das richtig knapp. Da geht es mir gleich wieder besser. Jedes Mal, wenn einer von uns das Tor trifft, geben wir ihm ein High five. Ich ernte so viele High fives, dass mir die Hände schon richtig wehtun. Das ist doch mal eine außergewöhnliche Fußballverletzung.

Dann üben wir mit Tormann. Dabei muss sich jeder einmal ins Tor stellen. Das ist die Position, die ich am wenigsten mag. Justus ist unser bester Goalie. Daneben sehen wir anderen ganz schön lahm aus. Und zwar nicht wie der ehemalige Kapitän der deutschen Nationalmannschaft, Philipp Lahm, sondern lahm im Sinne einer lahmen Ente. Obwohl ich kein gelernter Tormann bin, will ich jeden Schuss halten. Ich segle wie ein Adler in Richtung lange Ecke, der Ball ist trotzdem drin. Ich frage mich, wie Justus das macht. Zum Glück darf ich dann wieder aufs Tor schießen. Jedes Mal, wenn ich den Ball am Torhüter vorbei ins Netz ballere, könnte ich einen Freudentanz aufführen. Das lasse ich aber lieber. Stattdessen klatsche ich einfach nur mit meinen Freunden ab. Außerdem würde so ein Freudentanz bei mir sicher nur peinlich aussehen.

Zum Abschluss spielen wir noch fünf gegen fünf. Ich spiele mit Simon, Stefan, Pete und Kris in einer Mannschaft. Wir spielen zwei Mal 15 Minuten und wir geben alles. Ich bin danach total verschwitzt, aber zufrieden, ich habe mich gut geschlagen.

Das Training ist oft richtig anstrengend. Nächstes Training Dienstag. Ich freue mich schon!

Papa holt uns auch wieder ab und zu Hause laufe ich schnurstracks in die Küche. „Mama, was gibts zu essen? Ich habe einen Bärenhunger". Mama treibt mich gleich wieder hinaus: „Wie du aussiehst, von oben bis unten voller Erde und total verschwitzt. Ab unter die Dusche mit dir! Dann gibt es Lasagne." Mmh, Lasagne ist mein Lieblingsessen! Aber wer weiß, warum es Erwachsenen immer so wichtig ist, dass man sauber ist. Dabei kann man in schmutzigen Trainingsklamotten genauso gut essen, das habe ich schon ausprobiert. Schmeckt deswegen um nichts schlechter. Und man muss nicht mit knurrenden Magen erst mal in die Dusche steigen. Aber da Mama hier im Haus die Chefin ist: nächster Stopp: Badezimmer. Mein Trikot entsorge ich ordnungsgemäß im Wäschekorb und nicht am Badezimmerboden. Ich weiß, dass Mama sich dann freut.

Die Lasagne ist mega und ich verdrücke gleich zwei Portionen. Mama weiß schon, dass ich nach dem Training extrahungrig bin und kocht deswegen immer gleich mehr.

EIN FREUNDSCHAFTSSPIEL

Es ist so weit. Heute findet das erste Freundschaftsspiel im Freien statt. Es geht gegen den TuS Baumfeld. TuS steht für Turn- und Sportverein.

Justus, David und ich haben schon die ganze Woche von nichts anderem geredet. Sogar während des Unterrichts. Herr Werther, unser Deutschlehrer, hat uns deswegen sogar zwei Mal ermahnt. Justus als unser Einser-Goalie ist der Meinung gewesen, ich müsse in der Abwehr rechts spielen, dabei spiele ich doch immer linker Innenverteidiger. Das ist sozusagen meine Stammposition. Das haben wir unbedingt klären müssen. Dabei sind wir wohl wieder etwas zu laut gewesen. „Das ist das dritte Mal, meine Herren. Wenn ich euch noch ein einziges Mal ermahnen muss, ist das Fußballspiel am Sonntag für euch gestrichen!“, hat er geschimpft. Ich bin mir zwar nicht ganz sicher, ob er uns das Spiel tatsächlich einfach so verbieten kann, aber vorsichtshalber haben wir in seiner Stunde nicht mehr die taktische Aufstellung besprochen. Sicher ist sicher!

Erst in der Musikstunde haben wir dann ungestört unsere Auseinandersetzung fortführen können. Das geht gut, weil unsere Musiklehrerin schon so alt ist, dass sie es nicht hört, wenn wir uns in ihrer Stunde flüsternd unterhalten. Deswegen darf auch jeder beim Chor mitmachen. Und ich meine wirklich jeder. Wir haben den schlechtesten, aber dafür lautesten Schulchor im ganzen Landkreis. Auf alle Fälle spiele ich linker Innenverteidiger. Darauf haben wir uns dann doch geeinigt und alles andere wäre ehrlich gesagt auch ein ziemlicher Blödsinn.

Also FC Torpedo Felsental gegen TuS Baumfeld! Heute! Vor lauter Aufregung will ich gar nicht frühstücken. Doch

Papa schaufelt mir den Teller voll mit Rührei und sagt: „Das ist das richtige Frühstück für Sportler. Du musst etwas essen, Paul. Damit du nachher viel Energie hast.“ Da hat Papa mal wirklich Recht. Die großen Fußballvereine haben sogar eigene Köche, die mit ihnen zu den Spielen reisen und den Profis das beste und gesündeste Essen kochen. Papa kocht auch super und die Rühreier sind so lecker, dass ich den ganzen Teller aufesse und mir dann sogar noch den Rest aus der Pfanne kratze. Wie Papa sagt, ich brauche die Kraft.

Meine ganze Familie fährt mit mir zum Fußballplatz. Sogar meine kleine Schwester Flora. Sie ist um zwei Jahre jünger als ich. Ich weiß, die wenigsten mögen ihre kleine Schwester, aber ich habe Flora wirklich lieb. Sie kann zwar manchmal recht anstrengend und vorlaut sein, aber oft ist sie so witzig, dass ich laut lachen muss. Wenn auch nicht immer mit Absicht.

Ich glaube nicht, dass sie allzu große Lust hat, auf den Fußballplatz zu gehen, aber Mama und Papa lassen ihr wahrscheinlich keine andere Wahl. Außerdem muss ich sie immer irgendwohin mitschleppen, obwohl ich nicht will. Da kann sie ruhig mal zu meinem Fußballspiel kommen und mich kräftig anfeuern, obwohl sie nicht will.

Das Feld, auf dem wir spielen, ist kleiner als das der Profis und wir spielen auch nur zwei Mal 25 Minuten. Außerdem dürfen pro Mannschaft nur sieben Spieler aufs Feld. Das heißt, von unserer Mannschaft können nicht alle durchspielen. Deshalb wechseln wir uns ab. Der Coach gibt uns immer Bescheid, wenn wir wechseln sollen. Vor uns spielt die F-Jugend, die sind jünger als wir. Sie sehen wie Zwerge aus, die über das Spielfeld stolpern, aber ein paar Gute sind schon dabei. Und immerhin ist es noch nicht so lange her, da war ich auch in der F-Jugend. Wie die Zeit vergeht, würde Oma sagen!

Dann sind endlich wir dran. Ich bin in der Startformation und darf deshalb mit auflaufen. Hinter mir höre ich den Jubel der Zuschauer. Großartig, so mag ich das. Beinahe wie bei den Profis. Es ist fast so, als würde ich vom Jubel aufs Feld getragen. Wir nehmen unsere Positionen ein. Ich bin linker Verteidiger, weil wir ein 3-2-1-System spielen. Drei Verteidiger, zwei Mittelfeldspieler und ein Stürmer. Und natürlich der Tormann.

Ein Pfiff und es geht los. Wir haben Anstoß, verlieren aber gleich den Ball. Der gegnerische Mittelfeldspieler versucht es über meine Seite. Doch links stehe ich wie eine Wand. Als er mich überspielen will, bleibt er an mir hängen. Ich schnappe mir den Ball und sprinte Richtung Tor des TuS Baumfeld. Stefan steht frei, ich passe zu ihm. Ein Zauberpass – wenn auch mit etwas Glück! Stefan hat freie Bahn. Am Strafraum zieht er ab und … voll ins lange Eck! Tooooor! Der Jubel übertönt alles, wir geben uns High fives. Das Spiel geht noch keine drei Minuten, schon habe ich ein Gegentor verhindert und die Vorarbeit für ein Tor geleistet. So kann es weitergehen! Die nächsten Minuten geht es hin und her. Es ist ein heißes Match auf Augenhöhe. Nach der ersten viertel Stunde steht es 2:1 für uns. Kurz vor Ende der ersten Halbzeit erobert David den Ball im Mittelfeld und tankt sich durch. Er ist allein vor dem Tor, ich halte die Luft an: So eine Chance lässt sich David nicht entgehen. Ich will schon jubeln, da grätscht ihm Max von hinten hinein und holt David von den Füßen. David fällt und überschlägt sich dreimal. Foul! Das war ein klares Foul! Schiri!

Max - ich kenne ihn noch aus dem Kindergarten - ist wohl immer gut gegossen worden. Jedenfalls ist er riesig für sein Alter. Mit seinem wilden Lockenkopf hat er mich immer an Rübezahl erinnert. Nur der zottige Bart fehlt. Noch. Und jetzt steht er in seiner Riesenhaftigkeit über David und unkt: „Na, du Affe! Bist du hingefallen?“ Dabei grinst er richtig blöde. Ich merke, wie in mir die Wut hochkocht! Doch David ist supercool. Er springt einfach auf und läuft weiter. Ich beruhige mich wieder und konzentriere mich aufs Spiel. Wut ist ein schlechter Ratgeber, sagt Mama immer.

Aber zwei Ersatzspieler vom TuS stehen am Spielfeldrand und rufen: „Affe, Affe!“ Der Pfiff des Schiedsrichters ertönt, die erste Halbzeit ist vorbei. Die Ersatzspieler lachen immer noch und zeigen auf David.

Wieso nennen sie David einen Affen? Ich verstehe es nicht! Hilfesuchend drehe ich mich zu der Zuschauermenge um und schaue zu meinen Eltern. Da erschrecke ich so richtig, denn so traurig und betroffen habe ich sie noch nie gesehen. David verschwindet in unserer Kabine. Ich stehe immer noch etwas verwirrt auf dem Platz. Der Pfiff vom Coach holt mich zurück in die Realität.

Als wir vom Spielfeld in Richtung Kabinen laufen, sehe ich Davids Mama und seine große Schwester bei meinen Eltern stehen. Davids Mama wischt sich über die Augen. Hat sie geweint?

Ich habe das Gefühl, dass gerade etwas richtig Schlimmes passiert ist, aber irgendwie kann ich die Situation nicht recht einordnen. Justus und ich laufen zu David in die Kabine. Er sitzt auf seinem Platz und starrt wütend den Boden an. David? „Was ist?“, schreit er uns an, „Lasst mich in Ruhe!“ Aber wir gehen nicht. Einen Freund lässt man nicht im Stich, auch wenn er wütend ist. „Warum haben die dich Affe genannt?“, frage ich ihn. Ich merke, ich bin nervös. David blickt auf und ich schaue in seine glänzenden, braunen Augen. „Na, weil ich schwarz bin. Das ist ein Schimpfwort, du Schwachkopf! Sie meinen, ich bin der Affe aus Afrika!“

Na, du Affe, bist du hingefallen?

Ich ärgere mich, ich ärgere mich so sehr, dass mir Tränen in die Augen treten. Das macht mich gleich noch wütender. „Diese Idioten, komm wir gehen hin und beschimpfen sie auch!“, meint Justus und legt sich schon ein paar seiner deftigsten Schimpfworte zurecht. „Die machen wir fertig!“ Aber David will sie nicht beschimpfen. Justus und ich sehen uns ratlos an. „Was willst du denn dann?“, frage ich David. „Fußballspielen, ich will einfach nur Fußballspielen!“, sagt David mit wiedergewonnenem Selbstbewusstsein. Justus und ich schauen uns an. „Na, dann sollten wir das auch machen!“

Zu dritt kommen wir wieder aufs Spielfeld. Der Coach wartet schon auf uns, neben ihm der Schiri und der Trainer des TuS Baumfeld. Die Spieler vom TuS stehen rundum und schauen alle betreten auf ihre Füße. Auch Max ist dabei, er macht ein trotziges Gesicht. Alle geben David einer nach dem anderen die Hand und entschuldigen sich. Der Schiri verkündet, dass Max im Nachhinein die Rote Karte bekommt und wegen grob unsportlichen Verhaltens für zwei Spiele gesperrt ist. Das sei mit dem Trainer des TuS so vereinbart worden. Die anderen beiden Spieler des TuS erhalten eine Ermahnung.

Aber noch ist eine Halbzeit zu spielen. Der Coach liest vor, wer aufläuft. Ich bin diesmal nicht dabei, aber David. Er läuft mit erhobenem Kopf aufs Spielfeld und ich feuere die Mannschaft und besonders ihn kräftig an. Ich bin richtig stolz auf meinen Freund, weil er sich wieder aufs Feld traut. Und wir spielen gut. Fünf Minuten vor Schluss wechselt der Coach mich wieder ein. Ich gebe noch einmal alles! Am Ende gewinnen wir 3:1.

Nach dem Spiel gibt man den Gegnern die Hand, das ist normal. Justus und ich protestieren, dass wir ihnen diesmal nicht die Hand geben wollen, wegen der Sache mit David. Aber der Coach meint, sie haben sich entschuldigt und sich die Hand zu geben, gehört sich. Das ist eben Zeichen von Respekt und Fair Play.

Aber selbst nach der Entschuldigung der TuS-Spieler habe ich das Gefühl, dass sich etwas verändert hat. Andere finden es offenbar in Ordnung, meinen besten Freund zu beschimpfen. Und das wegen seiner Hautfarbe! Deswegen bin ich trotz des Sieges immer noch traurig. Das erzähle ich auch Mama, als sie mir am Abend die Bettdecke aufschüttelt. „Ich weiß mein Schatz, ich bin auch traurig." Na toll, ich schlucke, das hilft mir nicht. „Aber David hat mit dir und Justus zwei super Freunde, die – auch wenn es mal nicht so gut läuft – für ihn da sind. Und das macht mich sehr, sehr glücklich", lächelt Mama. Da fühle ich mich auch wieder etwas glücklicher.

KROKODILSTRÄNEN

Zwei Tage sind seit dem Spiel gegen den TuS Baumfeld vergangen und es gibt schon wieder Training. Puh, manchmal ist es ganz schön anstrengend, einen Sport so wie die Profis zu betreiben. Der Coach lobt uns, dass wir bei dem Spiel am Sonntag als Team so toll zusammengehalten haben. Und er meint, dass das Verhalten der Gegner, als sie David so beschimpft haben, nicht nur unsportlich, sondern völlig respektlos war. „Völlig untragbar" nannte er das Verhalten. Er ist sehr froh, dass wir uns gegenseitig so wertschätzen und solche Beleidigungen bei uns nicht vorkommen. Na ja, wir sind ja auch ein Team, das wäre ja noch schöner! Außerdem ist ein Sportler ja auch immer ein Vorbild und daher nehme ich mir fest vor, immer fair zu spielen und allen gegenüber respektvoll zu sein. Gar nicht so leicht!

Da bläst der Coach aber schon in seine Trillerpfeife und fast hätte ich es wieder verschlafen. Aber diesmal stehe ich besser – näher am Ballkasten. Ich renne Hals über Kopf los und irgendwie Julius über den Haufen. Julius ist der Jüngste von uns und auch der Kleinste. Stehen bleiben kann ich nicht, sonst hätte ich wieder nur einen von den alten Bällen erwischt. Also renne ich einfach weiter wie ein geölter Blitz. Ich bin tatsächlich der Erste am Ballkasten und sichere mir gleich zwei gute Bälle, einen für mich und einen für Julius – quasi als Entschuldigung. Darum verzeiht er mir auch gleich. Er meint sogar, ich kann ihn ruhig öfter über den Haufen rennen, wenn ich ihm dafür immer einen von den guten Bällen mitnehme. Für das heutige Training nehme ich mir aber vor, niemanden mehr über den Haufen zu rennen. Das ist ja weder besonders fair noch respektvoll.

Nach dem Training sind Justus und ich bei David eingeladen. Weil seine Mama aus dem Sudan kommt, kocht sie oft ganz andere Sachen, als es bei mir zu Hause gibt. Heute bekommen wir etwas, das heißt Ful. Das ist so eine Art Bohneneintopf, schmeckt aber ganz anders als der von Oma. Als ich das erste Mal bei David gewesen bin, hab ich mich gar nicht so recht für das Essen begeistern können. Höflich gesagt. Das ist so, wie wenn Papa am Wochenende mal wieder irgendein neues Rezept aus einer Kochshow ausprobiert. Es sieht alles so anders aus als sonst und riecht auch ganz ungewohnt. Zuhause hätte ich gesagt, das mag ich nicht essen. Aber bei David zu Hause habe ich natürlich seine Mutter nicht kränken wollen. Deswegen habe ich zumindest gekostet. Schlecht geschmeckt hat es mir dann ja gar nicht, aber so richtig zugelangt hab ich wohl auch nicht. Davids Mutter hat gelacht und gesagt, dass es ihr mit dem deutschen Essen am Anfang auch so gegangen ist. An fremde Küche muss man sich erst gewöhnen, hat sie gemeint. Ich glaube aber, sie hat sich wirklich gefreut, dass ich zumindest gekostet habe. Und ich muss sagen, mittlerweile mag ich sudanesisches Essen sogar ganz gerne. Zum Ful gibt es heute selbst gemachtes Fladenbrot. Das hat Davids Schwester Mara gebacken. Sie ist schon zwei Jahre älter als wir. Das Fladenbrot schmeckt mir immer besonders gut. Ich wünschte, das würde es auch bei unserem Bäcker geben. Ich habe meine Mama mal gebeten, es doch auch zu versuchen, aber sie sagt, sie hat keine Zeit, selbst zu backen. Schade, aber so bleibt es immer etwas Besonderes, wenn ich es bei David bekomme.

Nach dem Essen gehen wir ins Wohnzimmer und packen unsere Sticker-Alben aus. Für die kommende Fußball-Weltmeisterschaft gibt es noch keine Sticker. Und die für die Europameisterschaft haben wir schon voriges Jahr vollgeklebt. Ich habe das ganze Album fertig und es steht in meinem Zimmer auf dem Bücherregal. Aber unser FC Torpedo Felsental hat ein eigenes Album herausgebracht. Das müsst ihr euch mal vorstellen! Dafür wurden von allen Mannschaften des FC Torpedos Bilder gemacht – von jedem Spieler ein Porträt und Mannschaftsfotos. Das war richtig toll. Wir haben unsere Trikots angezogen und ein echter Fotograf hat dann fotografiert, – so mit Blitz und allem.

Für einen Euro kann man eine Packung mit fünf Stickern kaufen. Die klebt man dann in das Album ein. Aber weil man vorher nie weiß, welche Sticker sich in der Packung verstecken, kommt es immer wieder vor, dass man einige doppelt oder sogar dreifach hat. Die tausche ich dann mit meinen Freunden. Den Sticker mit meinem Bild darauf habe ich bisher noch nicht. Dafür habe ich Justus schon drei Mal und David schon zwei Mal. Sie wollen, dass ich ihnen „ihre" Fotos gebe. Aber ich habe ihnen gesagt, die bekommen sie erst, wenn sie meinen Sticker haben, sodass wir tauschen können. Ich habe schon ein bisschen Bammel, dass mein Foto irgendwie vielleicht nicht gedruckt wurde.

Jeder von uns hat sich nach dem Training drei neue Packungen Sticker gekauft. Die wollen wir gerade aufmachen, als es an der Tür läutet. Davids Papa geht zur Tür und wir hören ihn mit jemandem sprechen. Dann kommt der Besuch ins Wohnzimmer. Es ist Max, der Übeltäter, der blöde Riese, der … jedenfalls der, der David bei unserem Freundschaftsspiel beschimpft hat. Mit ihm kommen zwei Erwachsene herein, wahrscheinlich seine Eltern.

Max hält ein Geschenk in den Händen. Er geht zu David und gibt ihm das Geschenk. „Das, was bei unserem Spiel passiert ist, tut mir echt leid", sagt er. Dann schaut er zu seinen Eltern, die ihn streng anschauen. Er schaut zu Boden und drückt ein paar Tränen hervor. „Es tut mir wirklich sehr leid!

Ich möchte mich entschuldigen." David versucht zu lächeln, nimmt das Geschenk und bedankt sich höflich. Ganz wohl ist ihm bei der Sache nicht, das kann ich sehen.

Die Erwachsenen scheinen aber zufrieden zu sein. „Wollen Sie einen Kaffee? Meine Frau hat gerade einen Kuchen gebacken, einen Ingwerkuchen, ganz etwas Besonderes, den sollten sie unbedingt probieren!", lädt Davids Papa die zwei Erwachsenen ein. Sie gehen in die Küche und wir vier bleiben im Wohnzimmer.

Kaum sind seine Eltern draußen, fängt Max an zu grinsen: „Na komm schon, mach das Geschenk auf". David reißt das Papier von der Schachtel. Ein Fußball. Aber nicht irgendeiner, sondern ein DERBYSTAR, der offizielle Spielball der deutschen Bundesliga! „Was? Echt? Wahnsinn, danke!" stammelt David. Jetzt freut er sich tatsächlich. Eigentlich ist er sogar begeistert. Doch irgendwie traue ich Max trotzdem nicht so recht. Der war doch im Kindergarten schon so fies.

„Beim nächsten Mal auf dem Feld machen wir euch aber fertig!", behauptet Max und macht dabei ein überhebliches Gesicht. Nein, ich kann Max immer noch nicht leiden. Und seine Tränen waren sicher nur Krokodilstränen. Das sagt man so, wenn jemand nur so tut, als würde ihm etwas leidtun. Justus scheint meiner Meinung zu sein. „Na ja, abwarten," meint er, „beim letzten Mal waren nämlich schon eindeutig wir die bessere Mannschaft ... und haben verdient gewonnen. Und jetzt entschuldige uns, wir haben nämlich noch etwas Wichtiges zu tun."

Justus schnappt sich seine Sticker-Packungen und macht die erste auf. David und ich machen es ihm gleich. Und in der dritten Packung finde ich endlich den Sticker mit meinem Bild darauf. Haben sie mein Bild also doch gedruckt, ich hatte schon echt meine Zweifel. Wow, ich sehe echt gut aus! Ich gefalle mir wirklich auf dem Foto. Und das ist wirklich nicht bei jedem Bild von mir so. Stolz klebe ich es auf seinen vorgesehenen Platz im Album. Jetzt können Justus und David auch die Sticker haben, die ich von ihnen habe. Max tut uninteressiert, aber ich merke, dass er doch neugierig ist, was wir tun. Endlich ringt er sich durch: „Was sind das für Alben, die ihr da habt?“. Justus zeigt ihm sein Album und erklärt es ihm. Da kann auch Max nicht mehr cool bleiben. „Oh klasse, das muss unser Verein unbedingt auch machen. Das ist ja mega!“

Vielleicht ist Max ja doch nicht so übel. Ich nehme mir vor, dass jeder seine Chance bekommen soll.

TRAININGSLAGER

Große Fußballclubs wie Manchester United oder der FC Liverpool fahren immer wieder auf Trainingslager. Da fliegt die ganze Mannschaft in ein weit entferntes Land und dann gibt es für eine Woche oder auch mehr nur Fußball und nichts anderes.

Der FC Bayern war für sein Trainingslager zum Beispiel in Katar, die Mannschaft von Borussia Dortmund ist nach Spanien geflogen. Ich habe mich schlaugemacht, da fliegt man ein paar Stunden hin. Ich bin noch nie im Leben geflogen, stelle mir das aber ganz großartig vor. Da setzt man sich einfach in ein Flugzeug und zack, schon fliegt man über den Wolken dahin und kann auf die Erde hinuntersehen.

Stellt euch das einmal vor, man würde von da oben herunterspucken. Man fliegt da auf 10.000 Metern Höhe! Das sind 10 Kilometer! Das ist von mir daheim bis zu meiner Oma und da brauche ich mit dem Rad mindestens eine halbe Stunde. Wie lang es wohl braucht, bis die Spucke am Boden ankommt? David sagt, aus einem Flugzeug kann man nicht hinausspucken, weil man während des Fluges weder die Tür noch ein Fenster öffnen kann. Und er muss es wissen, er ist schon öfter geflogen. Justus meint, wenn jeder, der in einem Flugzeug sitzt, einfach so runterspucken könnte, dann müssten wir auf der Erde ständig mit Regenschirmen herumlaufen. Das wäre nicht so toll, eigentlich sogar echt eklig - daran hatte ich gar nicht gedacht. Deshalb bin ich auch sehr froh, dass Fenster und Türen im Flugzeug immer zu sind. Eine Antwort auf meine Frage hätte ich trotzdem gerne.

Aber wieder zu den wichtigen Dingen des Lebens. Und damit meine ich natürlich: Fußball. Seit meine Freunde und ich wissen, dass Fußballmannschaften Trainingslager abhalten, wollen wir auch unbedingt einmal auf so ein Trainingslager fahren. Irgendwohin ganz weit weg mit unseren Freunden, keine Schule, keine Eltern und nur Fußball. Das klingt doch wie ein Traum. Wir haben auch sofort unsere Eltern gefragt, aber die meinten, so etwas machen eben nur die Profis. Dabei sind wir doch auch im Verein, trainieren zwei Mal in der Woche und spielen immer wieder Turniere. Wir sind die Profis von morgen.

Deshalb haben wir in den letzten Sommerferien unser eigenes Trainingslager veranstaltet. Bei Justus im Garten haben wir ein Zelt aufgestellt - das war unsere Unterkunft. Dann haben wir einige Kinder aus der Nachbarschaft überreden können, jeden Tag mit uns Fußball zu spielen. Das ist noch recht leicht gegangen. Schon schwieriger ist es gewesen, die Trainingsdisziplin aufrecht zu erhalten. Erst sind alle planlos auf dem Platz herumgestanden, dann hat es Diskussionen gegeben, ob ein Lauftraining überhaupt notwendig wäre. Wir haben uns darauf geeinigt, gleich mit dem Trainingsspiel zu beginnen. Und schließlich hat es Ärger gegeben, weil jede Mannschaft so ungefähr aus acht Stürmern und drei Torhütern bestanden hat. In der Verteidigung hat außer mir gar niemand spielen wollen. So geht das doch nicht! Es ist schon echt wichtig, einen guten Trainer zu haben, damit so ein Training auch wirklich funktioniert.

Am Abend haben dann alle im Trainingslager-Zelt schlafen wollen. Da hätten wir aber niemals für alle Platz gehabt. Das haben wir – das muss man ehrlich sagen - schlecht organisiert. Einige haben dann doch nach Hause müssen, andere wollen. Was für ein Glück. Wir sind aber immer noch zu acht gewesen. Jan hat dann die Idee gehabt, dass wir Streichhölzer ziehen sollten. Jeder, der ein langes Streichholz gezogen hat, durfte im Zelt schlafen. Ich hab als Erstes dürfen und ein langes erwischt. Justus auch – David ein kurzes Streichholz. Das hat geheißen, Justus, drei Hobby-Stürmer aus der Nachbarschaft und ich sind wie die Sardinen zusammengequetscht im Zelt gelegen. Jan und David haben mit deutlich mehr Platzangebot direkt davor übernachtet. Wenn man - so wie ich - ganz hinten im Zelt geschlafen hat, dann hat man sich, um auf die Toilette zu gehen, erst über die gesamte Belegschaft des Zeltes kämpfen müssen. Das hat das ein oder andere Murren ausgelöst. Wenn man sich dann gefreut hat, dass man es durch die Sardinen geschafft hat, ist man direkt über Jan und David gestolpert. Das hat dann das nächste Murren gegeben. Zum Glück hat es nicht geregnet, sonst wären die zwei vor dem Zelt auch noch komplett nass geworden. Als ob ein paar Fußabdrücke deiner Freunde auf der Brust nicht schon ausreichen würden.

Die ganze Nacht haben wir uns Geschichten erzählt und deshalb kaum geschlafen. Am nächsten Tag sind wir dementsprechend übermüdet am Platz gestanden. Von den Heimschläfern ist nur Bernd zum Vormittagstraining erschienen. Wir haben eine halbe Stunde auf kleine Tore gespielt. Da aber keiner so richtig hat laufen wollen und Jan gemeint hat, seine Lunge sei von den Toilettengängern irgendwie eingedrückt, haben wir das Trainingslager vorzeitig beendet. Alle, die sich jetzt Sorgen machen, kann ich übrigens beruhigen: Jans Lunge geht es hervorragend.

Zu Hause hat mich dann Flora noch vollgejammert, weil sie mit mir „Trainingslager spielen" wollte. Ich habe ihr in aller Ruhe erklärt, dass das kein Kinderspiel sei, sondern bitterer Ernst. Dass es darum gehe, die Kondition zu verbessern, an der Technik zu arbeiten und Standardsituationen zu trainieren. Dass so ein Training unbedingt notwendig sei, damit man für die nächsten Spiele topfit und vorbereitet ist. Trotz meiner Müdigkeit bin ich voll in Fahrt gewesen. Ich habe gerade über die Wichtigkeit von Koordinationsübungen ausholen wollen, als meine Mama mich in die Küche gerufen hat.

Mama hat meinen Vortrag gehört und gemeint, ich solle nicht so sein und Flora doch einfach am nächsten Tag zum Trainingslager mitnehmen. Tja, da hab ich ihr dann etwas kleinlaut erklären müssen, dass die letzten Tage des Trainingslagers aufgrund mangelnder Beteiligung und Übermüdung nicht stattfinden werden. Am Nachmittag hab ich dann zumindest mit Flora Koordinationsübungen am Trampolin trainiert. Flora ist glücklich gewesen und ich noch immer sehr müde.

Das ist also unser top-organisiertes Trainingslager letzten Sommer gewesen. Es hat nicht in Spanien oder in Katar stattgefunden und es ist auch nicht der allergrößte Erfolg geworden. Aber es ist im Nachhinein betrachtet ein super Tag und ein richtiges Erlebnis gewesen. Ich habe viele spannende Geschichten gehört und wir haben gelernt, dass ein Trainingslager mehr braucht als einen Fußballplatz und eine Unterkunft. Manchmal sind Fehlschläge auch irgendwie für was gut. Und irgendwann werden wir sowieso auf ein richtiges Trainingslager fahren. Das weiß ich bestimmt.

SCHULSPORTWOCHE

Mama küsst mich auf die Stirn. Mir ist das voll peinlich – vor all den Leuten! Papa drückt mich auch noch ganz fest, bevor ich es verhindern kann. Wenigstens Flora sagt einfach nur: „Tschüss großer Bruder!"

Aber der Reihe nach.

Gleich am Anfang des Schuljahres hat unsere Klassenlehrerin Frau Schweizer uns erzählt, dass wir im Juni auf Schulsportwoche fahren würden. Wir haben auf einer Liste anhaken müssen, für welche Sportart wir uns interessieren und Fußball war zum Glück mit dabei! Wenn sich auch ausreichend Kinder für Fußball anmelden, kommt die Gruppe zustande, hat Frau Schweizer damals gesagt. Hoffentlich! Dann können wir eine ganze Woche lang Fußball spielen – und das auch noch während des Schuljahres! Das käme unserem Traum vom Trainingslager schon ziemlich nahe. Deswegen haben meine Freunde und ich auch ordentlich die Werbetrommel dafür gerührt.

Wir fahren jedenfalls gemeinsam mit der A- und der C-Klasse, das ist schon festgestanden. Und vielleicht sind in dem Camp, wo wir hinfahren, sogar Kinder aus anderen Schulen untergebracht. Das hat uns ein Freund von Justus erzählt. Der ist ein Jahr älter als wir und ist letztes Jahr schon auf Schulsportwoche gewesen. Daher kennt er sich damit aus. „Das war die allerallerlustigste Woche, die man mit der Schule nur haben kann", hat er gesagt. Ich freue mich jetzt schon ein halbes Jahr darauf.

Erst letzte Woche hat Frau Schweizer verkündet, welche Sportarten in der Schulsportwoche stattfinden werden. David, Justus und ich sind vor lauter Spannung ganz hibbelig vorne auf unseren Sesseln hin und her gerutscht. Und dann hat Frau Schweizer von einem Zettel vorgelesen: „Dieses Jahr werden folgende Sportarten angeboten: Tennis, Schwimmen, Surfen und Fußball."

Wir haben uns so sehr gefreut, dass wir in Jubelgeheul ausgebrochen sind. Justus ist sogar vom Sessel gekippt. Das war ein Gelächter! Und er selbst ist am Boden gesessen und hat am meisten gelacht. Das ist aber für die Schule und für Frau Schweizer viel zu laut gewesen. Darum hat sich Justus wieder auf seinen Sessel gesetzt und wir haben uns nur noch ganz schnell abgeklatscht. Es gibt Fußball! Das bedeutet, wir fahren endlich auf ein Fußballtrainingslager!

Gemeinsam mit Mama habe ich eine riesige Tasche gepackt, mit allem, was ich brauche. Normale Kleidung, Trikots, Fußballschuhe, Zahnbürste, UNO-Karten – das war Mamas Idee, sie meinte, die brauche ich, falls uns langweilig wird – und eine Taschenlampe. Die Taschenlampe war meine Idee. Wer weiß, ob in unserer Unterkunft nicht vielleicht der Strom ausfällt oder wir heimlich von einem Zimmer in das andere schleichen müssen. Oder wir werden überfallen. Meine Taschenlampe ist so groß, mit der könnte ich einen Dieb sicher vertreiben.

Und dann endlich ist er da gewesen, der Tag der Abfahrt. Mama hat mich zur Schule gefahren, Papa ist neben ihr gesessen, neben mir Flora. Vor der Schule hat schon ein großer Bus gewartet. Der Fahrer hat das ganze Gepäck in eine riesige Klappe an der Seite hinein geschlichtet. Fast alle sind schon zur Abfahrt bereit gewesen. Einige sind noch in einer Schlange angestanden, um ihre Koffer und Taschen dem Busfahrer zur ordnungsgemäßen Verstauung zu übergeben. Papa hat meine große Tasche aus dem Kofferraum geholt und dem Chauffeur gegeben. Ich habe mir nur den kleinen Rucksack geschnappt. Dann bin ich in den Bus gestiegen, um einen guten Sitzplatz zu reservieren. Als ich die Sachen von Justus und David entdeckt habe, habe ich meinen Rucksack gleich in die Reihe hinter ihnen gelegt. Er hat mir als Platzhalter gedient. Ich bin ja noch mal hinaus, um mich von meiner Familie zu verabschieden.

So, also Mama küsst mich auf die Stirn, Papa drückt mich, Flora sagt: „Tschüss großer Bruder!". Mir ist das alles peinlich.

„Mein Großer", sagt Mama, „jetzt fährst du schon ohne uns weg." Papa nimmt mich noch mal in den Arm. „Viel Spaß bei eurem Trainingslager!" wünscht er mir. Flora drückt sich gegen Mama: „Eigentlich will ich gar nicht, dass du wegfährst". Da wird mir plötzlich auch ganz mulmig zumute. Ich habe mich so auf diese Woche gefreut, dass ich gar nicht so richtig bedacht habe, dass ich jetzt eine Woche ohne meine Familie auskommen muss. Aber jetzt gibt es kein Zurück mehr. Ich umarme Flora und schlucke meine Tränen hinunter. „Du wirst sehen, ich bin ganz bald wieder da" versuche ich möglichst cool und ohne zu schluchzen zu sagen. Ob die Spieler von Bayern München auch jedes Mal so traurig sind, wenn sie ihre Familie verlassen, um auf ein Trainingslager zu fahren?

Ich setze mich in den Bus. Am Fensterplatz neben mir sitzt Charlie. Er hat lange blonde Haare und damit sieht er nicht nur aus wie ein Surfer, er ist auch einer. Mit Fußball hat er absolut nichts am Hut. „Nobody is perfect", würde Papa sagen. Aber ansonsten ist er ein recht lustiger Kerl. Charlie hat einen Hund, der ist ziemlich groß und richtig verschmust. Ich war einmal bei Charlies Geburtstagsfeier und da haben wir alle mit Titus, so heißt der Hund, gespielt. Obwohl er so riesig ist, dass man sich anfangs fast fürchtet, ist er der liebste und kuscheligste Hund auf der Welt.

Charlie hat damals erzählt, dass er es furchtbar findet,

wenn Schüler sich auf ihre Haustiere rausreden. Wenn sie zum Beispiel behaupten, der Hund habe die Hausaufgabe gefressen. Oder das Schulbuch sieht so mitgenommen aus, weil die Katze es als Kratzbaum missbraucht hat. Oder das Federmäppchen stinkt so, weil der Hamster darin gewohnt hat. Er hat gemeint, das sei einfach nur ungerecht, da Haustiere so etwas doch niemals mit Absicht machen würden und man ihnen nicht die Schuld dafür geben dürfe.

„Außerdem sind diese Geschichten ja sowieso immer frei erfunden. Stichwort Plausibilitätsprüfung …", hat er gesagt. Das hat er dann auch gleich erklärt: Das heißt, dass man sich darüber Gedanken macht, ob eine Geschichte überhaupt stimmen kann oder wie wahrscheinlich es ist, dass eine Geschichte stimmt.

Charlie ist sehr überzeugend gewesen. Bis zu dem Tag, als sein Hund seine Hausaufgabe gefressen hat. Charlie hat angeblich auf dem Bauch liegend im Wohnzimmer einen Aufsatz für Deutsch geschrieben. Er ist kurz aufgestanden, um sich etwas Süßes zu holen. Als er zurückgekommen ist, ist vom Heft kaum etwas übrig gewesen und Titus hat gerülpst. Charlie hat den ganzen Aufsatz noch einmal schreiben müssen. Er sagt, seitdem macht er seine Hausaufgaben nur mehr auf dem Schreibtisch in seinem Zimmer und sperrt das Zimmer zu, wenn er es verlässt. Ob die Geschichte wirklich stimmt, wissen wir nicht. Stichwort Plausibilitätsprüfung ...

Die Busfahrt mit Charlie wird sicher lustig. Ich bin schon gespannt, ob es neue Geschichten von Titus gibt. Vor mir sitzen Justus und David. Wir sind alle aufgeregt. Der Bus fährt an, draußen stehen Eltern und winken. Davids Mutter hat wieder Tränen in den Augen. Aber diesmal ist es etwas anderes. Wir winken zurück. Ich spüre eine Mischung aus Vorfreude und Traurigkeit. Irgendwie verwirrend.

David erzählt uns, dass er seinen DERBYSTAR-Fußball eingepackt hat. Alles klar! Jetzt bin ich voller Vorfreude. Echt klasse, ich kann es kaum erwarten, damit zu spielen. Ab ins Trainingslager, der zweite Versuch!

DIE ANKUNFT

Die Busfahrt dauert dreieinhalb Stunden. Wahrscheinlich könnten wir auch in zweieinhalb Stunden am Ziel sein, aber ständig muss irgendwer auf Toilette. Und die Toilette im Bus ist kaputt, weswegen wir bei fast jedem Parkplatz stehen bleiben. Allerdings ist es so lustig, dass die Zeit trotzdem wie im Nu verfliegt. Charlie hat hunderte Geschichten auf Lager. Auch neue von Titus.

Unsere Lehrer sind wahrscheinlich erleichtert, als wir ankommen. Ich glaube, lang hätten sie den Wirbel nicht mehr ertragen. Wir sind hier zwar nicht in Katar oder Spanien, aber immerhin drei Stunden von zu Hause entfernt.

Als wir auf dem geschotterten Parkplatz aussteigen, bin ich echt baff. Unsere Unterkunft ist ein riesiges Haus mit Holzfassade und zwei langen Balkonen, die rund um das ganze Gebäude zu gehen scheinen. Auf den Balkonen sprießen aus Pflanzkästen hunderte Blumen in allen möglichen Farben. Vom Parkplatz aus kann man auch den See sehen. Vor dem Haus stehen Tische in der Wiese und weiter hinten sehe ich zwei Tennisplätze und einen Hartplatz mit Basketballkörben und Toren. Tore! Auf dem Hartplatz ist es zwar ganz anders zu spielen als auf der Wiese, aber es ist trotzdem mindestens genauso lustig. Im Turnunterricht spielen wir manchmal auf dem Hartplatz Fußball. Leider viel zu selten. Die meiste Zeit müssen wir laufen oder springen oder Schlagball werfen. Aber manchmal, wenn unser Sportlehrer, Herr Pammer, nicht so motiviert ist, dann gibt er uns einen Fußball, setzt sich auf die Hochsprungmatte und schaut in die Luft. Zwischendurch macht er Dehnübungen. Ich meine, er könnte uns wenigstens zuschauen. Aber ich glaube, Fußball interessiert ihn einfach gar nicht. Völlig unverständlich.

Und wow, die megahohen Berge dahinten! Das gibt es bei uns zu Hause nicht. Der höchste Berg bei uns in der Gegend ist ein kleiner Hügel mit einer Kapelle darauf. Da spazieren wir manchmal mit Oma hin. Meine Mama wäre sicher ganz begeistert von der Umgebung und würde Papa stupsen, dass er sofort Fotos machen muss. Und Papa würde seine teure Kamera hervorziehen und fotografieren – extra für Mama, weil er weiß, wie sehr sie sich freut, wenn sie die Bilder dann an ihre Freundinnen schicken kann. Oh, Mama und Papa und Flora, was die wohl gerade machen?

Aber ich habe gar keine Zeit, um mir weiter über meine Familie Gedanken zu machen. Wir müssen die Zimmer beziehen. „Vier pro Zimmer! Ihr könnt euch aussuchen, mit wem ihr ein Zimmer teilt", sagt Frau Schweizer. Die Zimmerschlüssel können wir bei der Leiterin der Jugendherberge abholen, einer kleinen, freundlich aussehenden Frau. Ganz klar, ich teile mir das Zimmer mit Justus und David. Nur wer soll der vierte Mann sein? Da wir im Bus mit Charlie so viel Spaß hatten, fragen wir ihn gleich, ob er mit uns ins Zimmer will. Aber er hat sich schon mit seinen Surfkollegen zusammengetan. Schade. Aber das ist eine gute Idee, wir nehmen auch jemanden, der in der Fußballgruppe ist. Tamara steht etwas verloren da. Sie spielt auch Fußball und das gar nicht schlecht. Für ein Mädchen ist sie eigentlich ziemlich cool. Aber mit einem Mädchen ins Zimmer, das geht nicht. Außerdem dürfen wir das auch gar nicht. Tom kommt auf uns zu: „Jungs, ihr seid drei, ich bin einer, zusammen sind wir vier!" Stimmt! So gut bin ich dann doch im Rechnen. Das nenne ich auf den Punkt gebracht. Tom ist ein guter Tormann, allerdings nicht so gut wie Justus. Er ist aber auch ein ganz brauchbarer Verteidiger. Wir nicken uns zu, „Abgemacht!" und holen die Schlüssel.

Im Zimmer stehen zwei Stockbetten. Ich bin der Erste, der das Zimmer betritt und sichere mir gleich die obere Etage auf der rechten Seite. Puh, Glück gehabt, ich hatte gar nicht daran gedacht, dass ich hier schnell sein muss. David ergattert die andere Hochetage auf der linken Seite. Unter mir liegt Justus und unter David bezieht Tom sein Bett. Die Taschen und Koffer werfen wir nur schnell in die Ecken.

David holt seinen DERBYSTAR heraus. Ich bin fast ein bisschen neidisch. Wir schauen uns an und schon sind wir auf dem Weg nach unten. „Nicht so schnell meine Herren! Kein Rennen am Gang! Wo wollt ihr denn überhaupt hin? In einer halben Stunde ist Vorbesprechung im Gemeinschaftsraum." Das war Herr Pammer, der Sportlehrer. „Fußball … draußen … Hartplatz …" stammelt David, während wir uns bemühen zu rennen, ohne dass es danach aussieht. „Okay, aber in einer halben Stunde ist Vorbesprechung im Gemeinschaftsraum!", wiederholt er sich. Da sind wir aber schon längst draußen. Der DERBYSTAR! Und das am Hartplatz. Jetzt geht's los! Der Platz ist eben wie ein Salzsee und der Ball rund wie die Sonne. Oh Mann, der reagiert wirklich auf die leiseste Berührung. Justus stellt sich ins Tor und wir üben Distanzschüsse. Justus ist echt eine harte Nuss, in dem kleinen Tor ist er kaum bezwingbar. Vielleicht sollten wir einfach näher ran!

Herr Pammer ruft uns. „Was? Das war jetzt doch keine halbe Stunde?", wundert sich Tom. David blickt auf die Uhr: „Doch, waren sogar 34 Minuten".

Der Gemeinschaftsraum ist ein großer Saal mit Tischen und Sesseln, einem großen Fernseher und zwei riesigen, gemütlichen Sofas. Alle sind schon da, wir sind die Letzten. „Entschuldigung, Zeit übersehen", sagt Justus kleinlaut. „Schon gut, da hinten ist noch Platz". Herr Pammer ist anscheinend nicht böse. Er leitet das Sportprogramm und erklärt uns den

Fußball... draußen... Hartplatz
Wo wollt ihr denn hin ?

Ablauf:

7:00 Uhr - Aufstehen

7:25 Uhr - Frühstück

8:00 Uhr - Treffpunkt am Parkplatz, mit der entsprechenden Ausrüstung

Mit der entsprechenden Ausrüstung? Ja, was ziehe ich denn dann morgen an? Im Kopf gehe ich die Trikots durch, die ich mithabe. Der erste Eindruck zählt, sagt Mama schließlich immer. Ich muss gestehen, viel habe ich vom restlichen Tagesablauf nicht mehr mitbekommen. Tom hat sicher aufgepasst, der ist eigentlich immer aufmerksam und hat nicht nur Fußball im Kopf.

Im Anschluss gibt es Abendessen im Speisesaal, der bereits zur Hälfte gefüllt ist, als wir ankommen. Anscheinend ist wirklich eine andere Schule gleichzeitig mit uns hier. Es gibt Nudelsuppe, Schnitzel mit Pommes und Salat. Volltreffer! Bei uns zu Hause gibt es Schnitzel nur sehr selten, – da muss schon irgendein Feiertag sein. Und dann höchstens mit Petersilienkartoffeln. Die mag ich nicht besonders. Aber Pommes – herrlich! Das fängt ja großartig an.

EINE ECHTE ÜBERRASCHUNG

Ich kann es noch gar nicht fassen. Ein Montagmorgen und ich muss nicht still in der Bank sitzen. Jetzt hätten wir gerade Mathe. Da ist es doch hundertmal besser, sich die Sportklamotten überzustreifen und Fußball zu spielen. Justus Freund hatte Recht, das wird die beste Woche meines Lebens.

Ich habe mein Manchester-United-Trikot angezogen. Es sollen gleich alle wissen, dass das die beste Mannschaft der Welt ist. Leider sehen David und Justus das anders. Und weil ich mich für das Manchester-United-Trikot entschieden habe, ziehen sie beide ein FC-Liverpool-Trikot an. Sie sind nämlich beide Fans von Liverpool. Manchester United und der FC Liverpool können sich aber gegenseitig nicht leiden. Manchmal kloppen sich die Fans sogar. Das verstehe ich sowieso nicht. Der eine ist Fan von den Bayern, der andere von Real Madrid und der Dritte vom FC Timbuktu - ist doch egal. Kann doch jeder zu seiner Mannschaft halten und sie anfeuern. Aber sich deswegen zu kloppen? Das ist doch wirklich albern. Niemand will verlieren, aber wenn man verliert, dann schüttelt man sich die Hand, zeigt dem Gegner Respekt und arbeitet härter an sich, damit man nächstes Mal besser ist. So sehe ich das. Und ich finde die Fans von den großen Mannschaften sollten es auch so sehen.

Ich ignoriere gekonnt die kleine Provokation von Justus und David. Sie grinsen, dann grinse ich zurück. Ich muss furchtbar lachen, als ich die Surfer-Truppe sehe. Sie tragen schwarze Ganzkörperanzüge, die aussehen, als wären sie aus Gummi. Charlie klärt uns auf: „Das sind Neoprenanzüge." Ein kurzer Vortrag über die Funktionsweise und Arten von Neoprenanzügen folgt. Ich habe mir nur gemerkt, dass das schwarze gummiähnliche Material eben Neopren heißt und eine Art Isolierschicht ist. Das heißt, wenn man ins Wasser fällt, bildet sich zwischen dem Körper und dem Anzug eine dünne Wasserschicht und die wird vom Körper aufgewärmt. Deswegen muss der Anzug auch supereng sitzen. Dadurch wird einem auch dann nicht kalt, wenn man den ganzen Tag im Wasser ist. Gut, macht durchaus Sinn. Jetzt schäme ich mich fast ein bisschen, dass ich gerade noch Charlie und seine Kollegen ausgelacht habe. Aber die haben mir das nicht übel genommen und freuen sich genauso auf den Tag wie ich.

Ich bin froh, dass wir beim Fußball keinen Neoprenanzug brauchen. Das stell ich mir nämlich recht ungemütlich vor.

Die Tennisspieler tragen alle kurze Hosen und eine Kappe oder ein Schweißband um die Stirn. Die meisten haben ihre eigenen Tennisschläger dabei. Der Rest kann sich hier einen ausleihen. Die Schwimmer sind die einzigen, die ihr Sportgewand noch nicht anhaben. Wäre aber auch irgendwie komisch und auch ein bisschen kalt, da jetzt in der Badehose auf dem Parkplatz zu stehen. Alles in allem finde ich jedenfalls, wir Fußballer sehen am besten aus, aber da bin ich vielleicht nicht ganz neutral.

Die Kinder von der anderen Schule, die auch hier auf Sportwoche sind, kommen jetzt aus dem Haus. Neopren, Tennissocken, Fußballtrikot und wahrscheinlich Badehose – das kann ich nicht sehen – aber es ist auch alles dabei. Die Info habe ich wohl verschlafen, dass wir unsere Einheiten gemeinsam haben werden. Eigentlich klar. Wir wären sonst ja zu kleine Gruppen.

Herr Pammer klatscht laut in die Hände. „Stellt euch bitte nach Sportart zusammen. Hier rechts die Schwimmer …“ „Und Schwimmerinnen“, ergänzt Frau Schweizer schnell. Herr Pammer nickt zustimmend, „…und Schwimmerinnen, da die

Surfer und Surferinnen, hier die Tennisspieler und Tennisspielerinnen und ganz links die Fußballer und Fußballerinnen." Eigentlich stehen wir schon richtig. Tamara kämpft sich durch die Tennisspieler – und Tennisspielerinnen - zu uns durch. Ganz verstehe ich ja nicht, warum das Frau Schweizer und Herrn Pammer so wichtig ist zu betonen. Frau Schweizer liest vor, welcher Lehrer für welche Gruppe verantwortlich ist. Herr Pammer ist Schwimmer, das hätte ich mir denken können. Das erklärt, warum er sich für Fußball noch nie wirklich interessiert hat.

Für uns ist Frau Schweizer zuständig. Was? Frau Schweizer und Fußball? Das passt doch nicht! Da muss ein Fehler vorliegen. Ich schaue zu Justus und David. Aber die scheint das gar nicht zu stören. Vielleicht hätte ich gestern doch weiter zuhören sollen als bis „mit der entsprechenden Ausrüstung". Wahrscheinlich ist es der Trainer vom Ort hier, der uns dann am Platz empfängt. Und Frau Schweizer passt auf uns auf. Fragen tue ich jedenfalls nicht, sonst wissen ja alle, dass ich keine Ahnung habe, was gestern sonst noch so erzählt wurde.

Ich schaue mir Frau Schweizer genauer an. Sportlich schaut sie ja aus, in Funktionsshirt und kurzer schwarzer Hose. Und Fußball-Schuhe hat sie auch. Also keine mit Stoppeln auf der Sohle. Die dürfen wir nämlich gar nicht haben. Justus ist deswegen ziemlich enttäuscht gewesen und hat gemeint, dass er so unmöglich spielen kann: „Da habe ich doch keinen Halt, wenn ich wegspringen will!" Er hat nagelneue Fußballschuhe mit Stoppeln extra für die Sportwoche bekommen und jetzt darf er sie nicht verwenden. Die Verletzungsgefahr sei nämlich zu hoch, haben die Lehrer gesagt. Na, das wird schon stimmen, nicht umsonst haben wir bei den Spielen vom FC Torpedo Felsental Schienbeinschoner an den Beinen. Und wenn einem einmal einer auf die Zehen steigt, kann das auch gehörig wehtun.

„Zum Aufwärmen laufen wir gleich zum Fußballplatz. Das ist ein sehr schöner Weg durch den Wald und dann zum See hinunter.“ Und mit Laufen hat Frau Schweizer auch wirklich Laufen gemeint und nicht etwa spazieren. Die ist ja hoch motiviert.

Wir joggen los. Zehn Minuten später sind wir bei den Fußballplätzen. Puh, wir sind jetzt schon außer Atem. Wo ist denn unsere Kondition hin? Wir haben doch sonst auch zweimal die Woche Training mit dem Coach.

Wo ist denn nun unser Trainer? Wir machen mit Frau Schweizer ein paar Dehnübungen, dann stellt sie Hütchen am Feld auf. Neben ihr ist ein Netz mit nigelnagelneuen Bällen. Sie erklärt die erste Übung. Langsam dämmert mir: Frau Schweizer ist unsere Trainerin!

Tom soll als Erster im Tor stehen. Eine Hälfte von uns soll sich bei einem blauen Hütchen aufstellen, die andere bei einem roten. Blau beginnt, das ist David. David muss den Ball zum ersten Spieler beim roten Hütchen passen, da steht Tamara. Die soll den Ball stoppen und dann zu einem gelben Hütchen weiterpassen. Dort wird Frau Schweizer warten und den Ball stoppen. Inzwischen muss David vom blauen Hütchen dorthin gelaufen sein, den Ball von Frau Schweizer übernehmen, ein weiteres Hütchen (auch gelb) ausspielen und dann aufs Tor schießen. Dann soll er sich bei der roten Gruppe hinten wieder anstellen. Als nächstes kommt Tamara dran und passt zum zweiten Spieler bei blau, der wiederum zu Frau Schweizer und so weiter. Ganz schön verwirrend? Stimmt! Wir kennen uns zu Anfang auch überhaupt nicht aus. Aber nach den ersten Versuchen klappt es ganz gut.

Frau Schweizer erklärt uns in der Trinkpause, dass das eine super Übung sei. „Da ist fast alles dabei, was ein guter

Fußballspieler braucht: passen, Ball annehmen, weiterpassen, Dribbling und Abschluss!“. Abschluss ist einfach ein anderes Wort für schießen, klingt aber professioneller.

Ich staune nicht schlecht. Frau Schweizer hats so richtig drauf. Sie kennt sich nicht nur bei Taktik, Technik und Trainingsmethoden aus, sie kann einfach alles. Sie führt den Ball ganz eng am Fuß und hat einen Schuss, Halleluja! Einmal hat sie den Ball ans Lattenkreuz gepfeffert, da hat das ganze Tor nur so gewackelt und es hat ein Geräusch gemacht, das ich sonst nur von den Silvesterraketen kenne.

In der Mittagspause erzählt uns Frau Schweizer dann von ihrer aktiven Zeit. Mit acht Jahren hat sie beim Verein angefangen. Als Erstes hat sie beim SC Höflein gespielt, das ist der Verein ihres Heimatortes. Falls ihr den Ort nicht kennt, keine Bange. Ich glaube, den muss man nicht kennen. Das ist nämlich ein ganz kleines Dorf in Österreich. Auf jeden Fall ist sie dann immer weiter aufgestiegen und hat am Schluss für den USV Neulengbach gespielt. Den Verein kennt ihr wahrscheinlich auch nicht, aber der ist eine ganz große Nummer im österreichischen Frauenfußball. Die haben in der Zeit als Frau Schweizer dort im Team war, zwölfmal hintereinander den österreichischen Meistertitel geholt. Zwölfmal! In der Bundesliga! Und Frau Schweizer war da voll dabei! Das ist doch unglaublich, die Frau ist sowas wie ein Star und ich wusste das gar nicht.

Sie hat außerdem studiert und ist als ihre Profi-Karriere vorbei war nach Deutschland gegangen, weil sie sich verliebt hat. Schon wieder eine, die wegen der Liebe alles hinter sich lässt und in ein fremdes Land geht. Aber Österreich liegt dann zumindest doch etwas näher an Deutschland als der Sudan. Und die Sprache ist auch die gleiche, obwohl ich die Österreicher im Skiurlaub nicht alle verstanden habe.

Am Abend liege ich völlig erschöpft im Bett. Erschöpft, aber überglücklich. So ein toller Tag! Das war mal ein richtiger Trainingstag mit einer richtig guten Trainerin. Ach, was sag ich, mit einem Fußballstar! Und dann denke ich mir, wie ich so daliege und die Holzdecke über mir betrachte, dass ich Frau Schweizer unterschätzt habe. Wenn ich das alles nur schon früher gewusst hätte. Langsam verstehe ich auch, warum sie immer will, dass man die Jungs und die Mädchen extra anspricht. Wenn ich an Profi-Fußballer denke, dann denke ich an Lionel Messi oder Christiano Ronaldo oder Bastian Schweinsteiger oder … also nur an Männer eben. Genauso wie ich bei einem Trainer automatisch an einen Mann gedacht habe und gar nicht glauben konnte, dass Frau Schweizer das übernehmen soll.

Frau Schweizer hat erzählt, ihr großes Vorbild ist Birgit Prinz. Die ist dreimal FIFA-Weltfußballerin des Jahres gewesen und hat mit dem deutschen Nationalteam zweimal die WM gewonnen. Drei olympische Medaillen hat sie auch, allerdings nur Bronze. Trotzdem nicht schlecht. Außerdem ist Birgit Prinz die beste Torschützin der FIFA-Frauenweltmeisterschaft aller Zeiten. Ich verstehe, warum Frau Schweizer sie toll findet!

Und dann muss ich an Tamara denken. Die habe ich nämlich auch unterschätzt. Beim Wählen ist sie als Vierte gewählt worden. Als Vierte, noch vor Justus! Dabei ist ein guter Goalie total wichtig. Aber sie spielt einfach spitze. Mädchen und Frauen haben es verdient, dass man auch an sie denkt. Also extra. Nicht nur irgendwie mitgemeint. Deswegen Fußballer und Fußballerinnen. Ich hoffe, ich vergesse das nicht wieder.

DAUERREGEN

Die nächsten Tage im Trainingslager laufen einfach super. Wir trainieren jeden Tag hart mit Frau Schweizer. Sie ist echt eine tolle Trainerin und hat so viele gute Ideen und Tipps. Sie hat Justus, David und mir sogar extra einen Trainingsplan geschrieben, damit wir uns auf das Einladungsturnier im August vorbereiten können. Wir sollen es aber nicht übertreiben, hat sie gesagt, es muss immer auch Spaß machen. Na, da mach ich mir wirklich keine Sorgen! Und sie hat gesagt, dass man seine Stärken ausbauen und seine Schwächen verbessern soll. Das werde ich mir auch merken!

Am Donnerstag weckt uns Herr Pammer wie jeden Tag mit den Worten: „Guten Morgen! Aufstehen, meine Herren. Die Sonne lacht!“ Wie immer zieht er die Vorhänge auf. Wir drehen uns verschlafen auf die Seite. Kann er sich nicht mal einen neuen Spruch ausdenken? Doch beim Hinausgehen fügt er hinzu: „Na ja, heute lacht die Sonne eher hinter den Wolken. Es regnet nämlich.“

Was? Schlagartig bin ich wach, wirble herum Richtung Fenster. Es gießt in Strömen. Das geht doch nicht! „Was ist mit dem Training?“, rufe ich Herrn Pammer hinterher, aber er ist schon im nächsten Zimmer.

Beim Frühstück herrscht Katerstimmung. Das Regenwetter drückt scheinbar allen aufs Gemüt. „Frau Schweizer, was machen wir denn heute?“, fragt Justus Frau Schweizer, die gerade vom Buffet zurückkehrt. „Das erzählen wir gleich allen, habt noch kurz Geduld“, sagt sie und setzt sich wieder an den Lehrertisch. „Na trainieren!“, sagt David, „Was sonst?“ „Bist du nicht ganz dicht? Schau doch mal zum Fenster raus! Es kübelt, als ob dem Herrgott die Badewanne überläuft!“

Ich überlege, woher Justus den Spruch hat. Wahrscheinlich von seinem Vater. „Na und? Wir sind doch nicht aus Zucker!“, schnappt David zurück. Die Nerven liegen scheinbar blank. Bevor ich einschreiten muss, bittet Herr Pammer um Ruhe. Ein schlaksiger, älterer Herr mit Brille gesellt sich zu ihm. Er steht noch keine Minute bei Herrn Pammer, hat aber in der Zeit schon dreimal seine Brille wieder hochgeschoben. Und schon wieder rutscht sie ihm über die Nase nach unten. Ich muss grinsen. Er erinnert mich an eine Zeichentrickfigur.

„Meine Damen, meine Herren! Ich bitte um Ruhe! Für diejenigen unter euch, die mich noch nicht kennen, ich bin Herr Pammer und das ist mein Kollege Herr Kräutinger aus der Realschule Grambach. Ihr seht ja alle das Wetter. Für die Schwimmer macht es keinen Unterschied, die werden sowieso nass.“

Herr Pammer blickt erwartungsvoll in die Runde. Das hätte wohl ein Witz sein sollen. Nur Herr Kräutinger kichert in sich hinein. Dabei rutscht ihm wieder die Brille von der Nase.

„Tja, also ... der Tennisplatz ist unbespielbar, der Fußballplatz sicher auch und an Surfen ist bei dem Wetter nicht zu denken.“ „Na ja ginge schon ...“, aber Charlies Einwurf geht im allgemeinen Gemurmel unter. „Ich bitte um Ruhe! Wir haben einen Bus organisiert. Wir fahren – und jetzt haltet euch fest – ins Naturhistorische Museum.“

Herr Kräutinger nickt zustimmend und seine Brille fällt auf den Boden. Diesmal gibt es kein Gemurmel, eigentlich herrscht zum ersten Mal in diesen vier Tagen tatsächlich so etwas wie Ruhe.

Aber schon nach zwei Sekunden bricht ein umso wilderes Durcheinander aus. Manche springen auf und drängen zu Herrn Pammer, andere zu Herrn Kräutinger, der seine Brille am Boden sucht. Diverse Vorschläge hallen durch die Luft und bringen den Speisesaal zum Beben: „Hallenbad“ schreit einer, „Gehen wir doch ins Salzbergwerk“, höre ich von meiner linken Seite. „Trampolinpark wäre gut!“, schreit Thimo direkt in mein Ohr. Wiederholte „Kino“-Rufe kommen hauptsächlich vonseiten der Realschule Grambach. Andere wollen in der Jugendherberge bleiben und Spiele spielen.

Die restlichen Lehrkräfte kommen Herrn Pammer und Herrn Kräutinger zu Hilfe und schirmen sie ab. Frau Schweizer reicht Herrn Kräutinger seine Brille. Er setzt sie sich auf die Nase und blickt sich um. „Seht doch nur!“, sagt er schließlich verblüfft, „Es hat aufgehört zu regnen!“

Das gibt's doch jetzt nicht. Der alte, liebe, gutmütige Herr Kräutinger, den ich bis vor zehn Minuten noch gar nicht gekannt habe, hat wirklich Recht. Gerade hat es aufgehört zu regnen.

„Ja, aber der Wetterbericht hat doch ganz klar gesagt, dass es den ganzen Tag regnen wird“, ist Herr Pammer sichtlich überrascht.

Die Leiterin der Jugendherberge ist während dieser ganzen Zeit am Buffet gestanden. Sie hat Brote geschnitten oder Kakao nachgefüllt, so genau weiß ich das nicht mehr. Das Geschrei hat sie aber überhaupt nicht gestört. Das habe ich schon bemerkt, die Frau Leiterin bringt nichts so schnell aus der Ruhe. Da kann ein Tornado kommen, und die Frau Leiterin würde sagen: „Jo, mei!“ Das sagt sie nämlich gern. Justus hat mir gestern erklärt, das sagen alle Bayern, wenn es sonst nichts zu sagen gibt: „Jo, mei!“

Also die Frau Leiterin dreht sich mit zwei Kannen Kakao in der Hand um. Dann schaut sie erst dem einen, dann dem anderen Lehrer ganz tief in die Augen und sagt mit einem bairischen Akzent: „Aber das weiß doch jedes Kind, dass der Wetterbericht bei uns nicht stimmt. Wir haben durch die

Es hat aufgehört zu regnen!

Berg‘ um uns herum und den See ein ganz eigenes Wetter.“ Herr Pammer und Herr Kräutinger schauen verdutzt. Dann setzt sie noch eins drauf: „Jo mei, hätten's halt gleich mich gefragt.“

Ob die ganze Geschichte mit dem eigenen Wetter einer Plausibilitätskontrolle standhält, weiß ich jetzt auch nicht. Also ich meine, ob das wirklich stimmt, kann ich nicht sagen. Jedenfalls hat die Frau Leiterin Recht behalten. Der Herr Pammer hat den Bus abbestellen können. Der Fußballplatz war gleich bespielbar, der Tennisplatz ab Mittag auch wieder. Wir haben ein super Training gehabt. Nur eine Einheit, aber die war wie immer spitze. Die Schwimmer und Schwimmerinnen sind geschwommen, die Surfer und Surferinnen gesurft und die Tennisspieler und Tennisspielerinnen haben Tennis gespielt. So wie es sich gehört.

Jetzt liege ich wieder im Bett, wieder zufrieden und erschöpft. War ja doch noch ein ganz guter Tag heute. Tom liegt anscheinend auch noch wach. Er sagt mehr zu sich selbst als zu uns: „Ich wäre eigentlich ganz gern ins Museum gegangen.“ Na ja, denke ich mir, man kann es halt nie allen Recht machen. Vielleicht muss man manche Sachen auch einfach so nehmen, wie sie kommen. Und dann denke ich an den Spruch, den ich von Oma kenne: In der Ruhe liegt die Kraft. Der passt nämlich zur Frau Leiterin. „Gute Nacht, Tom“, sage ich noch und schlafe ein.

DAS SPIEL GEGEN DIE HAUSENER

„Guten Morgen! Aufstehen, meine Herren. Die Sonne lacht!“ Nicht schon wieder. Herr Pammer zieht die Vorhänge auf. Die Sonne scheint sich heute zumindest an seine Ansage zu halten, denn das Zimmer erhellt sich deutlich.

Ich setze mich im Bett auf. „Weißt du, was heute ist?“, fragt mich David. Ich strecke mich und schlage dabei mit den Händen an der Zimmerdecke an. „Aua! Was denn? Samstag, oder?“, antworte ich verschlafen. „Jaaa, das stimmt. Und was noch?“ „Letzter Tag der Sportwoche“, antworte ich. „Ganz genau. Und was ist am letzten Tag der Sportwoche?“, bohrt David weiter.

Justus rüttelt an meinem Bett, sodass es nur so rumst und zieht jedes einzelne Wort in die Länge: „Das große Spiel gegen die D-Jugend aus Hausen!“

Schlagartig bin ich hellwach. Das große Spiel gegen die D-Jugend! Und im gleichen Moment spüre ich ein nervöses Kribbeln im Bauch. Ich springe vom Bett, der Holzfußboden knackt. Obwohl ich als Letzter aufgestanden bin, bin ich als Erster fertig. „Kommt schon ihr Trantüten, lasst uns frühstücken gehen!“

Frau Schweizer hat uns vorgestern beim Nachmittagstraining nach dem großen Regenschauer nämlich mit einer Nachricht überrascht. „Kommt mal alle her!“, hat sie in der Trinkpause gesagt, „Ich muss euch etwas Tolles erzählen!“ Wir haben uns im Kreis um sie herumgesetzt und an unseren Flaschen genuckelt. „Ich habe mit dem Trainer von Hausen geredet, das ist der Nachbarort und habe mit ihm für Samstagnachmittag ein Spiel gegen die D-Jugend vereinbart.“

„Was? Die D-Jugend? Die sind doch einen Kopf größer als

wir!“, ist es gleich aus Justus herausgefahren. „Und außerdem sind das alle Vereinsspieler. Wir sind fünf oder sechs Vereinsspieler und der Rest sind reine Hobbykicker“, hat David gleich noch eingeworfen und sich schnell in der Runde umgesehen, unsicher, ob er jemanden mit der Aussage beleidigt haben könnte. Aber alle haben zustimmend genickt. Erst Recht die reinen Hobbykicker.

„Jetzt mal ganz mit der Ruhe!“, hat Frau Schweizer versucht, uns die erste Anspannung zu nehmen, „Erstens gibt es die Jugendabteilung bei Hausen erst seit zwei Monaten. Das heißt, die haben erst ein paar Trainings gehabt und noch kein einziges Spiel in den Beinen. Zweitens werden wir uns eine gute Taktik überlegen, wie wir gegen die größeren Jungs bestehen können. Ich habe da schon meine Ideen. Und drittens: Ihr seid super! Und das meine ich ganz ernst! Ihr seid eine echt gute Truppe und ich bin davon überzeugt, dass wir den Hausenern Paroli bieten können!“

Paroli bieten heißt Gegenwehr leisten oder dagegenhalten können. Das weiß ich von Oma. Oma spielt nämlich gern mit ihren Freundinnen – sie nennt sie „meine Damen“ – Karten. Spielt eine ihrer „Damen“ eine gute Karte und glaubt, sie hat schon gewonnen, dann sagt Oma: „Da kann ich Paroli bieten“. Was dann heißt, dass Oma noch bessere Karten hat und die Freundinnen gleich zu meckern anfangen. Oma verwendet gern irgendwelche Ausdrücke, die sonst niemand verwendet. Sie sagt zum Beispiel nicht Gehsteig, sondern Trottoir. Das kommt aus dem Französischen und wird „Trotoaa“ ausgesprochen. Sie macht auch keine Kopien, sondern lässt Abzüge anfertigen. Na ja, Oma halt.

Auf jeden Fall konnte Frau Schweizer uns überzeugen, dass wir gegen die Hausener D-Jugend nicht ohne Chancen sind. Wir haben dann Standardsituationen geübt: Freistöße und Eckbälle. Eins-gegen-eins-Situationen und Doppelpässe haben wir außerdem noch trainiert.

Am selben Abend hat uns Frau Schweizer dann auch ihre Taktik erklärt und gesagt, dass wir am nächsten Tag speziell dafür trainieren würden. Auch das heutige Training sei schon darauf abgestimmt gewesen.

Und heute ist dieses Spiel! Ich bin sowas von aufgeregt.

Diesmal laufen wir nicht zu den Fußballplätzen, sondern spazieren mit der ganzen Klasse hin. Auch die Schüler aus der Realschule Grambach wollen sich das Spiel nicht entgehen lassen und uns anfeuern.

Am Platz angekommen, machen wir Aufwärmübungen und besprechen noch mal die Taktik.

Die Hausener kommen an und wärmen sich ebenfalls auf. Ein wilder Haufen. Einige von ihnen kommen mir riesig vor.

„Unser großer Vorteil ist, dass wir wendiger sind und eine Taktik haben! Und wir sind ein Team!“, fasst Frau Schweizer noch mal zusammen. Unsere Taktik ist die: Wir spielen defensiv, machen hinten die Räume eng. Die Hausener sollen ruhig mehr Ballbesitz haben. Wir lassen sie sozusagen anrennen und bilden ein Abwehrbollwerk. Außerdem versuchen wir den Ballführenden unter Druck zu setzen. Kommen wir in Ballbesitz, dann soll es ganz schnell gehen. Doppelpass, um einen Mann oder Tamara freizuspielen und dann ein weiter Pass auf David. David ist unser einziger Stürmer und wir setzen auf seine Schnelligkeit und seine Durchsetzungskraft.

Wir bekommen gelbe Überziehleibchen, weil wir ja keine Dressen haben. Das Spiel findet am großen Fußballplatz statt, die Tore stehen allerdings an der Strafraumgrenze. Das heißt, das Spielfeld ist kleiner. Auch die Tore sind kleiner als die Originaltore. Wir spielen 8+1. Das heißt acht Feldspieler und ein Tormann. Und das Spiel dauert zwei Mal 20 Minuten. Aber das wissen wir natürlich alles schon seit Tagen. Frau Schweizer hat uns genau darauf eingestellt.

Das Spiel beginnt. Wie Frau Schweizer gesagt hat, beginnen die Hausener sehr druckvoll. Druckvoll, das hat Frau Schweizer gesagt. Also, sie geben richtig Gas! Wir versuchen hinten dichtzumachen. Frau Schweizer hat gesagt, wir müssen die ersten fünf bis zehn Minuten überstehen. Immer den Ballführenden attackieren. Dann flaut die Anfangsmotivation der Gegner ab. Wollen wir's hoffen!

Wir überstehen tatsächlich den ersten Angriffstornado von den Hausenern, dann lässt der Druck langsam nach. Wir gewinnen an Selbstvertrauen, merken, dass wir in der Verteidigung immer sicherer werden. Aber ein Ball nach vorne - das will uns nicht so recht gelingen.

So geht es in die Pause. Frau Schweitzer ist begeistert von uns. „Ihr habt das super gemacht! Ihr habt genau das umgesetzt, was wir besprochen haben! Jetzt muss nur noch der Ball auch mal nach vorne kommen." Sie erklärt uns, was wir besser machen können.

Okay, weiter gehts. Wieder ist der Druck am Anfang groß. Doch diesmal gelingt uns der erste Angriff. Ein Spieler der Hausener stolpert über den Ball, ich schnappe ihn mir, passe zu Paul – ja noch ein Paul, aus der Realschule Grambach – ich laufe am Gegner vorbei und Paul passt wieder zu mir. Genau wie wir es geübt haben. Klassischer Doppelpass. Ich bin an der Mittellinie und schlage eine weite Flanke Richtung David. Die Flanke ist nicht optimal. Der Tormann ist vor David am Ball.

Das Spiel scheint auf ein Unentschieden hinauszulaufen. Dann legt sich aber ein Hausener den Ball zu weit vor, Tamara erkämpft den Ball und zieht nach rechts. Doppelpass mit Paul – dem anderen – und dann spielt Tamara David den Ball direkt in den Lauf. Ein Traumpass! Kein Abseits. Alle halten den Atem an. David läuft allein auf den Tormann zu. Der kommt aus dem Tor. Und was macht David? Der donnert nicht einfach drauf, sondern schiebt seelenruhig dem Tormann den Ball durch die Beine. Getunnelt! Ein Gurkerl, wie die Frau Schweizer auf Österreichisch sagen würde.

Die ganze Tribüne bebt. Man muss dazu sagen, dass von den Hausenern nur drei, vier Eltern zuschauen. Und die sind jetzt noch ruhiger als zuvor.

Jetzt gilt es die letzten zwei Minuten zu überstehen. Die Hausener sind offensichtlich supersauer! Es gibt noch drei Verwarnungen für die Hausener, dann pfeift der Schiri das Spiel ohne Nachspielzeit ab.

Wir haben gewonnen!

3

DAS NACHSPIEL

Mit dem Pfiff bricht Riesenjubel aus. Wir haben doch tatsächlich gewonnen! Unsere Fans stürmen das Spielfeld. Wir werden gefeiert, als ob wir Helden wären. Dabei hab ich es noch gar nicht so begriffen wie unsere Fans. Umarmung hier, High five da, Schulterklopfen dort. Charlie und Tom tragen David auf den Schultern und laufen mit ihm durch die Gegend.

Ich setze mich in die Wiese und schaue mir das ganze Spektakel an. Ich bin völlig erschöpft. Nicht nur körperlich, auch im Kopf. Ob ihr es glaubt oder nicht, aber es ist wahnsinnig anstrengend, die ganze Zeit die Taktik im Kopf zu behalten, während man rennt wie verrückt. Was muss ich jetzt tun, stehe ich richtig, soll ich attackieren oder den Gegner einfach nicht vorbeilassen, müssen wir aufrücken? Das Gehirn läuft ständig auf hundert Prozent. Wie die Profis das machen? Dafür haben die ihre Mentaltrainer. Das sind Menschen, die dir helfen, im Kopf stark zu sein. Auch in Extremsituationen.

Ich schaue zu Frau Schweizer. Sie schaut glücklich aus. Herr Kräutinger redet auf sie ein. Sie nickt, schaut aber ständig der jubelnden Menge zu und lächelt.

Die Spieler von Hausen dagegen sind gefrustet. Der Tormann tritt eine Getränkeflasche bis in die Tribüne. Ui! Mit denen ist jetzt nicht gut Kirschen essen. Die sind richtig sauer.

Wir werden zum Shakehands gerufen. Wir stellen uns in eine Reihe und die Hausener gehen mit bösen Blicken an uns vorbei und schlagen ein. „Pures Glück!“, raunzt mir einer zu, als er extrafest mit mir abschlägt.

Herr Pammer hat eine Kiste Limonade besorgt und teilt die Flaschen aus. Frau Schweizer ruft uns zusammen. „Ich bin unglaublich stolz auf euch!“, sagt sie, „Ihr habt das einfach toll gemacht. Ihr habt nämlich als Team gespielt. Ihr seid nicht nur Einzelspieler gewesen, sondern eine Einheit. Das ist die Essenz von Fußball! Und dann braucht man natürlich auch ein bisschen Glück auf seiner Seite. Und das hat heute alles zusammengepasst.“

Wir sitzen in der Wiese und trinken unsere Limos. Das ist der beste Tag, den man sich vorstellen kann! Dann fällt mir ein, wie schön es doch wäre, wenn Mama und Papa das gesehen hätten. Und dann fehlen sie mir plötzlich.

Als ich zur Toilette gehen will, stehen am Gang vor den Toiletten drei Hausener. Ich versuche mich unauffällig vorbeizudrücken, doch sie versperren mir den Weg. „Du bist doch der, der mich gefoult hat!“ sagt einer. Ich muss gestehen, ich habe keine Ahnung. Ich sage: „Äh …“. Viel mehr fällt mir anscheinend nicht ein. „Na klar, bist du der! Hat mich einfach von den Beinen geholt, der Kleine …“ Weiter kommt er nicht, denn Charlie unterbricht ihn: „Gibt‘s Probleme?“. Die selbstbewusste Art von Charlie scheint den Hausener zu verwirren. „Ja, äh, der hat mich gefoult!“ „Gehört zum Spiel“, sagt Charlie und schaut ihm tief in die Augen. Der Hausener wirkt verunsichert. Seine zwei Kollegen wissen auch nicht, wie sie reagieren sollen. „War es Absicht?“, fragt Charlie. „Ich glaube nicht“, muss der Hausener gestehen. „Hast du dich verletzt?“, hakt Charlie nach. „Nein, aber …“ „Na, dann gibt es auch kein Problem.“ Bumm, das hat gesessen. Das Selbstbewusstsein von Charlie hätte ich gerne. Der stellt sich einfach hin und stellt den Hausener auf Eis. Sozusagen. „Ich würde vorschlagen, Paul, du entschuldigst dich ehrlich bei dem Kollegen aus Hausen für das Foul und die Sache ist gegessen.“

Ich sehe erst Charlie etwas ungläubig an, dann den Hausener. Der Hausener schaut Charlie mit leerem Blick an, als

Ja, äh, der hat mich gefoult
WC

ob in seinem Gehirn gerade einige komplizierte Berechnungen stattfinden würden. Dann dreht er sich zu mir. Ich reiche ihm die Hand und entschuldige mich artig. „Gut!", sagt er und überlegt, was er weiter sagen soll. Offensichtlich fällt ihm aber nichts mehr ein. Er wiederholt noch einmal: „Gut!", dreht sich um und geht. Die zwei stummen Hausener folgen.

„Charlie …", sage ich, als die drei um die Ecke verschwunden sind. „Passt schon", sagt Charlie und klopft mir auf die Schuler. „Hast echt gut gespielt heute", höre ich ihn dumpf aus der Toilette. „Ja", sage ich leise und dann fällt mir wieder ein, dass ich ja auch zur Toilette wollte.

ZUHAUSE IST ES DOCH AM SCHÖNSTEN

Die Busfahrt nach Hause verläuft überraschend ruhig. Die meisten dösen oder schlafen. Anscheinend ist die Woche auch für die anderen anstrengend gewesen. Justus und David spielen Fußball-Quartett. Ich schaue zum Fenster hinaus und lasse die Landschaft an mir vorüberziehen. Und die Woche. Verschiedene Situationen fallen mir ein. Immer wieder muss ich lächeln. Das war echt die beste Woche, die man mit der Schule haben kann.

Die Busfahrt dauert diesmal nur drei Stunden. Wahrscheinlich weil wir mit nur einer Pinkelpause auskommen.

Bei der Einfahrt zum Parkplatz sind plötzlich alle hellwach. Jeder will anscheinend sichergehen, dass er wohl auch abgeholt wird. Die ganze Klasse drängt sich auf der rechten Seite des Busses, um aus den Fenstern zu sehen. Ein Wunder, dass der Bus nicht kippt! Da sind Mama und Papa! Und Oma! Und Flora! Sie haben mich auch gesehen und winken.

Mit einem Pffff-Geräusch bleibt der Bus stehen und die Türen öffnen sich. Ich bin einer der Letzten, die aus dem Bus kommen. Mama drückt mich ganz fest an sich: „Du hast mir ja so gefehlt!". Papa drückt mich als Nächster: „Na, wie wars, mein Großer?". Ich sage nichts, denn aus irgendeinem Grund habe ich das Gefühl, dass ich heulen würde, wenn ich jetzt etwas sage.

Flora hängt auf mir, sie sagt nichts. Das ist ungewöhnlich für Flora. Aber vielleicht geht es ihr so wie mir. Dann ist Oma dran. „Du bist ja schon wieder gewachsen!", sagt sie. Das sagt sie fast jedes Mal, wenn wir uns sehen. Wahrscheinlich stimmt es auch.

Es dauert, bis der Busfahrer alle Taschen und Koffer aus dem Bauch des Busses befreit hat.

Im Auto sitze ich hinten zwischen Flora und Oma. Oma nennt die Rückbank Fond, also „Fooo“. Keine Ahnung, niemand sagt sonst Fond. Was ist das für ein Wort? Manchmal habe ich das Gefühl, Oma spricht eine andere Sprache.

Flora hat ihre Stimme wiedergefunden und erzählt alles, was die Woche bei ihr geschehen ist oder geschehen hätte können. „Jetzt lass Paul doch auch mal erzählen, wie es war. Hattet ihr genug zu essen? Hat das Taschengeld gereicht? War die Frau Musger eigentlich auch mit?“, will Mama gleich drei Dinge gleichzeitig wissen.

„Essen gabs genug“, sage ich. Weiter komme ich nicht, denn Flora plappert wieder los und erzählt, was ihr Regenbogen-Pony diese Woche alles durchmachen musste.

Zuhause angekommen, muss ich gleich die Tasche ausräumen. Damit Mama die Trikots waschen kann, bevor sie zu müffeln beginnen, sagt sie. Papa holt inzwischen Pizza. Und Oma lässt sich geduldig Floras Regenbogen-Pony erklären.

Nach der Pizza erzähle ich dann alles haargenau. Natürlich zuerst die Fußballgeschichten. Von der Frau Schweizer, von unseren Trainingseinheiten, vom großen Spiel gegen die Hausener, vom Hartplatz vor dem Haus. Meine Familie will wirklich alles wissen. Aber ich antworte auch gerne.

Dann erzähle ich von der Jugendherberge, der Frau Leiterin, der Klasse aus der Realschule Grambach und dass es dort auch einen Paul gegeben hat, der mit uns Fußball gespielt hat. Vom lustigen Herrn Kräutinger mit seiner Brille, die ihm immer von der Nase rutscht. Und Mama will ganz genau wissen, was es zu essen gegeben hat und ob die Jugendherberge wohl sauber war. Und nein, die Frau Musger war nicht mit.

Die Geschichte mit Charlie und den Hausenern vor der Toilette, die erzähle ich nicht. Vielleicht ein anderes Mal.

Am nächsten Tag sagt Papa, dass ich auf der Couch eingeschlafen bin und er mich dann ins Bett getragen hat. Ich muss wohl richtig müde gewesen sein. „Das geht nicht mehr lange, du wirst jedes Jahr schwerer!", sagt er und lächelt. Gut so, denke ich mir, immerhin will ich Profifußballer werden. Ich kenne keinen Profifußballer, der nur 43 Kilo hat.

Aus der Küche duftet es nach Kuchen. Mmh! So riecht es nur zu Hause. Auch wenn die Woche die beste Woche war, die man mit der Schule nur haben kann, bin ich doch richtig froh, wieder zu Hause zu sein. Zu Hause ist es halt doch am schönsten!

DAS GESCHENK

„Paul!" Es ist ein freundliches „Paul!". Dennoch mit Rufzeichen. Und es kommt von Frau Schweizer. Ich stehe auf und schreite feierlich nach vorne.

„Ich gratuliere! Das sieht ganz gut aus!" sagt Frau Schweizer, als ich bei ihr angekommen bin und überreicht mir mein Zeugnis. Ich bedanke mich mit einem höflichen Nicken. „Ich habe aber von Frau Vogelbichler gehört, dass Mathe deine Achilles-Ferse ist."

Für alle, die sich in der griechischen Sagenwelt nicht so auskennen: Achilles ist der Sohn einer griechischen Göttin gewesen. Einer Wassergöttin, um genau zu sein. Da sein Vater aber ein Mensch gewesen ist, ist Achilles sterblich gewesen. Das ist bei Menschen nun mal so - da hilft auch keine Göttin als Mutter. Auf jeden Fall hat seine Mutter einen Plan ausgeheckt, wie sie Achilles, wenn schon nicht unsterblich, dann zumindest unverwundbar machen kann. Dafür hat sie ihn als Kind in eine Art Zauberfluss getaucht. Dadurch ist er überall unverwundbar geworden. Außer an einer Stelle. Irgendwo hat sie ihn beim Eintauchen ja schließlich auch festhalten müssen. Und da ist dann das Wasser von diesem Zauberfluss nicht direkt an ihn rangekommen. Und gehalten hat sie ihn – richtig - an seiner Ferse. Und deswegen ist er nur da, an der Ferse verwundbar gewesen. Also Achillesferse.

Scheinbar bin ich nur in Mathe verwundbar. Auch nicht schlecht. Wenn man das weiß, kann man ja etwas dagegen unternehmen. Ich verstehe auch gar nicht, warum Achilles sich nicht immer irgendwelche Sicherheitsschuhe angezogen hat. Na egal, das hilft ihm jetzt auch nicht mehr.

„Ja, das stimmt, aber es ist zumindest noch ein Dreier geworden", sage ich. Frau Schweizer nickt gutmütig. „Und alles Gute zum Geburtstag!"

Heute ist nämlich ein super-super-besonderer Tag. Heute beginnen die Sommerferien und ich habe Geburtstag. Justus beginnt „Happy Birthday to You" zu singen. David steigt sofort mit ein und fordert die Klasse mit fuchtelnden Handbewegungen auf mitzumachen. Ich werde schlagartig rot im Gesicht, als die ganze Klasse und Frau Schweizer für mich „Happy Birthday to You" singen.

Nach der Schule holt mich Papa ab. Er hat sich heute extra freigenommen, weil mein Geburtstag ist.

„Magst du ein Eis? Mir ist beim Warten so heiß geworden. Und zeig mal dein Zeugnis …", sagt Papa zur Begrüßung. Er braucht mich eigentlich gar nicht zu fragen, denn er weiß genau, dass ich bei Eis noch nie Nein gesagt habe. Also holen wir uns bei Tante Uschi ein Eis. Tante Uschi ist nicht etwa meine Tante. Tante Uschi heißt die Konditorei bei uns im Ort. Wer sich den Namen ausgedacht hat? Vermutlich die Nichten und Neffen der Besitzerin – und die Besitzerin heißt vielleicht Uschi. Vielleicht.

Ich nehme ein Softeis, Erdbeer-Vanille, Papa eine Tüte mit zwei Kugeln: Erdbeere und Vanille. Wir müssen lachen. Auf der Bank vor der Konditorei schlecken wir genüsslich unser Eis.

Zuhause angekommen, ist Mama sauer, weil wir am Vormittag schon Eis gegessen haben. „Es gibt doch gleich Mittagessen. Und außerdem gibt es am Nachmittag noch Eis!"

Ui, super! Am Nachmittag gibt es auch Eis! Mama ist aber nicht lange sauer, das ist sie nie.

Flora ist heute bei einer Freundin. Dafür kommt Oma zum Essen und hat ein Geschenk mit. „Darf ich es gleich aufmachen?", frage ich Mama. Ich darf. „Das ist aber nur eine Kleinigkeit", sagt Oma. Es dauert keine drei Sekunden und ein neues Trikot von Manchester United kommt zum Vorschein. Ich bin sprachlos. „Woher wusstest du …?", stammle ich. „Ich habe halt so meine Quellen", lacht Oma, „Es ist sogar schon gewaschen, damit du es gleich anziehen kannst." Oma bekommt eine dicke Umarmung. Den Rest des Tages verbringe ich in meinem neuen Trikot.

Nach dem Essen kommen Justus, David, Charlie, Tamara, Simon, Kris, Jan und Tom. Pete ist leider krank, sonst wäre er auch gekommen. Für uns gibt es Torte und Limonade. Mama, Papa und Oma trinken Kaffee. „Jetzt wird aber Fußball gespielt!", verkünde ich nach meinem zweiten Stück Torte.

„Nicht so schnell!", sagt Papa „Du hast ja noch gar nicht unser Geschenk bekommen."

Stimmt, daran hatte ich in der Aufregung gar nicht gedacht.

Mama, Papa und Oma erheben sich feierlich. „Das ist ein Geschenk von uns allen." Papa reicht mir einen Umschlag. Ich bin verwirrt. Da soll mein Geschenk drin sein? Ich öffne den Umschlag. Darin ist eine Geburtstagskarte – auf der Geburtstagskarte ist ein Tormann, der eine Torte in der Hand hält. Jetzt bin ich noch mehr verwirrt. „Na, du musst lesen, was auf der Rückseite steht!", sagt Papa.

„Lies laut!", fordert Mama. „So, dass ich es auch hören kann!", lacht Oma. Die drei sind offensichtlich sehr aufgeregt.

Ich lese vor: „Lieber Paul! Zu deinem elften Geburtstag wünschen wir dir alles, alles Gute! Wir wissen, dass du ein Riesenfan von Manchester United bist. Deswegen möchten wir dich am 5. August nach München zu dem Spiel …", mir stockt der Atem. Mama, Papa und Oma schauen mich an und nicken ungeduldig mit dem Kopf. Ich glaube, mir wird schwindlig. „Na lies schon weiter!“, sagt Charlie, „Wir wollen es auch wissen. Was für ein Spiel?“ Ich reiße mich zusammen und lese weiter: „… zu dem Spiel von Bayern München gegen Manchester United einladen. Bleib so, wie du bist. Wir lieben dich von ganzem Herzen. Mama, Papa und Oma.“

Wahnsinn! Ich brauche noch ein paar Sekunden, bis ich es wirklich realisiert habe. „Ist das wirklich euer Ernst?“ Alle drei nicken. Dann falle ich allen gleichzeitig um den Hals. Oma kommt durch die plötzliche Zusatzlast gehörig ins Wanken. Sie kann aber nicht hinfallen, weil ich alle so fest drücke.

Dann brauche ich erst mal eine Limo. Nicht zu fassen! Ich werde die Spieler von Manchester live im Stadion sehen. Ronaldo, Bruno Fernandes und Paul Pogba! Ganz in echt. Und dann auch noch gegen die Bayern. Ein WAHNSINN!

Irgendwie beruhige ich mich wieder und wir können Fußball spielen. Papa springt für den erkrankten Pete ein, damit wir zwei gleichstarke Teams bilden können. Für fünf gegen fünf ist unser Garten nicht ausgelegt. Das macht aber nichts, das bedeutet nur, dass es noch mehr auf die Technik ankommt. Charlie kann wirklich überhaupt nicht Fußball spielen, aber er gibt sein Bestes und ist schwer motiviert. Vielleicht zu schwer. Denn in der Hitze des Gefechts drängt er Papa in die Büsche. Der versucht mit einer Drehung im Gebüsch Charlie abzuschütteln. Das gelingt ihm auch. Papa sprintet mit dem Ball los, hat aber offensichtlich die Orientierung verloren. Und läuft die Böschung hinunter. Er kann offensichtlich nicht mehr anhalten. Der Komposthaufen bremst seinen Lauf.

„Michael!“, hört man Mama entsetzt rufen - so heißt mein Papa mit Vornamen. Aber Papa geht es gut. Er ist zwar schmutzig von oben bis unten, aber er lacht schon wieder. „So, genug für heute. Ich verzichte auf weitere Ausflüge in die Natur!“, sagt Papa und Mama schickt ihn sofort unter die Dusche.

Wir spielen dann noch weiter vier gegen fünf. Es geht ja nur um den Spaß!

Mein Kommentar zum Tag: Bester, bester, allerbester Geburtstag aller Zeiten!

IM URLAUB

Wie der Ball hat keinen Platz mehr? Das kann gar nicht sein. Ein Ball hat immer Platz in einem Auto. Ich hoffe, das ist nur ein schlechter Scherz. Papa weiß genau, wie wichtig mir der Fußball ist. Der muss unbedingt mit! Was soll ich denn sonst zehn Tage lang machen?

Ich bin sowieso schon nicht so begeistert von diesem Urlaub. Warum müssen wir überhaupt auf Urlaub fahren? Es ist doch bei uns auch schön. Und ich würde das Training nicht versäumen. Gerade jetzt, wo wir uns auf das erste Turnier in dieser Saison vorbereiten.

Es ist ein Einladungsturnier von den FF Freiberg. Das sind die Fußballfreunde Freiberg. Ein Einladungsturnier ist ein Turnier, an dem nur Mannschaften teilnehmen dürfen, die vom Veranstalter eingeladen wurden. Wir spielen heuer das zweite Mal mit. Beim ersten Mal sind wir im Viertelfinale ausgeschieden. Der Coach hat das Ziel ausgegeben, dass wir dieses Jahr weiterkommen als im Letzten. Deswegen ist es nicht gut, wenn ich nicht trainieren kann!

Ich helfe Papa dabei, die Transportbox auf dem Autodach zu montieren. Dabei spreche ich das Thema Ball noch mal an. Puh! Es war zum Glück wirklich nur ein schlechter Scherz. Papa findet seinen Scherz allerdings sehr gelungen.

Die Autofahrt dauert siebeneinhalb Stunden – ohne Pausen, hat Papa gesagt. Mit Pausen dauert es wahrscheinlich zehn Stunden oder noch länger! Das ist ja ein Wahnsinn! Was soll ich die ganze Zeit machen? Aber Mama und Papa haben gesagt, es wird einmal Zeit, dass wir die Adria kennenlernen, also Flora und ich. Mama und Papa lieben die Adria, haben sie gesagt. Außerdem haben sie sich in Kroatien kennengelernt und verliebt. Und deswegen müssen wir jetzt dorthin!

Ich habe meine Schwester wirklich lieb, aber nach neun Stunden Autofahrt sieht die Sache schon ein wenig anders aus. Mama hat mich gleich nach dem Schlafengehen wieder geweckt und mich zum Auto geführt. Flora ist nicht einmal aufgewacht. Papa hat sie ins Auto getragen. Kein Wunder, dass sie so fit und aufgedreht ist. Aber – und das ist das Positive – wir sind fast da! Wir fahren gerade über eine riesige Brücke übers Meer. Hört sich unglaublich an, ist aber wirklich so. Die Insel Krk – der meiner Meinung nach mindestens ein Vokal fehlt – ist nämlich durch eine Brücke mit dem Festland verbunden. Und über genau diese Brücke fahren wir gerade. „Wir sind jetzt exakt 70 Meter über dem Meer", sagt Papa. Das hat er gerade am Handy nachgeschaut. Papa muss immer gleich alles googeln. Er will immer alles ganz genau wissen. Jedenfalls sind wir so hoch über dem Meer, dass die Schiffe von hier oben wie Spielzeugboote aussehen.

Die Landschaft ist ganz anders als zu Hause. Sie ist nicht grün, sondern eher heufarben. Es gibt auch nur wenige richtige Bäume. Die meiste Zeit fahren wir an trocken aussehenden Büschen vorbei. Die sollte mal jemand gießen. Als ich das Fenster aufmache, kommt sofort eine unglaubliche Hitze ins Auto. Mir bleibt fast die Luft weg. „Bitte Paul, mach das Fenster wieder zu. Wir haben ja die Klimaanlage an", sagt Mama, die seit unserer letzten Pause fährt. Ich schließe das Fenster und es dauert etwas, bis es wieder kühler wird. Eine halbe Stunde später sind wir da.

Wir wohnen in einem Apartment, also einer Wohnung, die man für den Urlaub mieten kann. Hier heißt es aber „apartman" und wird auch genauso ausgesprochen, wie es geschrieben wird. Zum Glück habe ich ein eigenes Zimmer! Ich räume meine Sachen in den Schrank, dann gehen wir mit Papa spazieren. Mama sagt, sie möchte noch alle Sachen einräumen und es wohnlich machen.

Es ist noch immer sehr heiß draußen. Aber es weht ein angenehmer Wind, der für ein wenig Abkühlung sorgt. Wir spazieren durch die Gassen von Vrbnik – da fehlt ja schon wieder ein Vokal! Der Ort ist ganz anders als die Orte, die ich kenne. Die Gassen sind furchtbar schmal. Papa meint, dass die Gassen deswegen so schmal sind, damit es im Sommer nicht so heiß wird. Es ist ein bisschen, als ob man durch Schluchten spaziert. Alles ist sehr verwinkelt. Es gibt viele kleine Geschäfte und keine Autos. Wie sollten die hier auch fahren? Dann spazieren wir zum Stadtstrand und setzen uns in ein Café. Papa trinkt ein Bier, wir bekommen Limo und ein Eis.

Am Nachhauseweg sagt Papa plötzlich: „Na schau. Das ist doch was für dich, Paul!" Ich weiß erst gar nicht, was er meint, dann höre ich es aber. Ein Fußballplatz! Nur drei Minuten von unserem apartman entfernt. Fünf Jungs sind gerade am Kicken. Wir setzen uns auf eine Bank und schauen zu. Der Platz ist aus Beton, hat aber zwei Tore und ist von einem hohen Zaun umgeben. Ein Junge ist im Tor, die anderen dürfen den Ball offensichtlich nur volley ins Tor befördern. Volley heißt, dass man den Ball aus der Luft schießt und er darf vorher nicht auf dem Boden aufgekommen sein. Scheint lustig zu sein, das Spiel. Ah, mit dem Kopf darf man auch ein Tor schießen. Derjenige, der danebenschießt oder einen Fehler macht, muss als nächstes ins Tor.

Papa geht mit Flora zum Spielplatz, der gleich nebenan ist. Ich bleibe noch ein bisschen sitzen und schaue zu. Einer der Jungs kommt auf mich zu: „Schelisch lise igrati snom?" Oder so ähnlich. Ich schaue ihn mit großen Augen an. „Wie bitte? Ich, äh, kann kein Kroatisch", sage ich. „Play!", sagt der Junge und lacht. Ich schaue zu Papa und Flora, die sind beschäftigt. „OK“ sage ich und lege meine Sonnenbrille auf die Bank. „Dejan“. Der Junge zeigt auf sich, während wir zu den anderen gehen. „Paul“.

Dejan sagt irgendetwas auf Kroatisch zu den anderen. Paul kommt darin vor, so viel verstehe ich.

Sie begrüßen mich mit einem Fistbump. Ich kenne das von Charlie und den Surfern. Zur Begrüßung schlägt man mit den Fäusten zusammen. Aber nicht fest, nur ganz locker. Soll sich ja keiner wehtun.

Mio, Ivo, Cvetko und Dinko heißen die vier. Ob ich mir das merke?

Irgendwann kommen dann Papa und Flora vorbei und schauen uns zu. Aber nur kurz. „Paul! Wir gehen zurück ins Apartment! Schau bitte, dass du um sechs auch da bist. Wir wollen dann essen gehen…“.

„Da!“, rufe ich zurück. Das heißt Ja auf Kroatisch. Papa schaut verwirrt. Dann lacht er, dreht sich um und spaziert mit Flora voraus.

FC BAYERN GEGEN MANCHESTER UNITED

FC Bayern München gegen Manchester United. Das hat es schon einmal als Testspiel gegeben, im Jahr 2018. Damals haben die Bayern 1:0 gewonnen. Ein Spieler namens Javi Martinez hat in der 59. Minute mit einem Kopfball das Siegestor erzielt. Das habe ich alles nachgelesen.

Ich habe mich perfekt auf heute vorbereitet. Diesmal wird Manchester zurückschlagen. Davon bin ich überzeugt.

Ein Testspiel ist ein Spiel, das meistens in der Sommer- oder in der Winterpause stattfindet. Das ist die Zeit, wo keine offiziellen Fußballspiele stattfinden. Die Spieler oder Spielerinnen sind dann aus dem Urlaub zurück und das Training für die neue Saison beginnt. Außerdem holen die Klubs in dieser Zeit oft neue Profis ins Team. Deswegen muss sich die Mannschaft dann auch erst einspielen. Und dafür gibt es eben solche Testspiele. Da geht es um nichts, außer natürlich um die Ehre. Aber da kann der Trainer oder die Trainerin dann neue Taktiken ausprobieren. Oder einfach schauen, ob bestimmte Spieler oder Spielerinnen mit anderen gut zusammenspielen können. So ein Testspiel ist das heute.

Wir fahren mit dem Zug nach München. Ach so, das habe ich ja noch gar nicht erzählt. David ist auch dabei. Davids Papa und mein Papa sind ja ganz gut befreundet, seitdem David und ich befreundet sind. Und da David im Juli Geburtstag gehabt hat, hat er von seinen Eltern ganz einfach das gleiche Geschenk bekommen wie ich. Jetzt sitzen also David, Davids Papa, mein Papa und ich im Zug nach München.

Justus haben wir auch gleich noch einpacken wollen. Aber Justus ist gerade bei seiner Oma an der Ostsee. Das wäre ein weiter Weg bis nach München. Justus ist deswegen ein bisschen traurig. David hat aber den Sticker von Justus in seiner Brusttasche. „So ist Justus auch dabei!“, hat er gesagt. Das finde ich eine super Idee.

In München angekommen fahren wir mit der U-Bahn weiter. Ich bin vorher noch nie mit einer U-Bahn gefahren. Aber ich finde, das ist eine tolle Sache. Mit einer Rolltreppe fährt man einen Tunnel hinunter. Unten gibt es dann so eine Art Bahnhof. Und da fahren natürlich auch Züge. Die fahren alle paar Minuten, da muss man sich nicht überlegen, wann sein Zug geht. Versäumt man den einen, nimmt man einfach den nächsten.

Papa hat ein Hotel für uns gebucht. Wir holen uns schnell die Zimmerschlüssel und stellen unsere Taschen ab. Dann geht es auch schon weiter. Wir müssen ja in die Allianz-Arena. Das ist das Heimstadion des FC Bayern München. Und dort findet das Spiel heute statt.

Wieder fahren wir mit der U-Bahn. Einmal müssen wir umsteigen. In der U-Bahn treffen wir auf die ersten Fans. Die sind schon in Fußballlaune, das merkt man. Viele haben Bayern-Trikots an, einige lustige Bayern-Hüte auf, andere sind im Gesicht bemalt. Fast alle haben einen Schal von ihrem Klub um. Ich fühle mich nicht ganz wohl in meinem Manchester-Trikot. Aber niemand sagt etwas Blödes. Und dann sehe ich auch andere Manchester-Fans. Geht doch!

Wir steigen aus und gehen eine Treppe hinauf und dann sehe ich zum ersten Mal das Stadion. Es ist weiß und wirkt wie aus Papier gefaltet. Aber je näher wir kommen, desto größer wird es. Und es ist nicht nur groß. Es ist riesig! Wir staunen nicht schlecht. Über einen breiten Vorplatz spazieren wir in

Richtung der Eingänge. Hier sind schon richtig viele Leute, die sich alle das Spiel ansehen wollen.

Am Sitzplatz angekommen raubt mir der Anblick fast die Luft. Das Stadion ist einfach gigantisch. Ich habe zwar gewusst, dass ungefähr 70.000 Menschen in das Stadion passen. Wie gesagt, ich habe mich gut vorbereitet. Aber ich habe nie darüber nachgedacht, wie viel Platz es eigentlich braucht, um so viele Menschen unterzubringen. Kann man sich ja auch gar nicht vorstellen, wenn man es noch nie gesehen hat: 70.000 Menschen an einem Ort. Das Stadion füllt sich immer mehr. Ich schaue zu David. Mit offenem Mund sitzt er neben mir und staunt genauso wie ich. „Unglaublich, oder?", sagt er zu mir. Ich nicke.

„Na?", sagt Papa, „Das ist einmal ein Stadion! Alles in Ordnung?" Ich nicke wieder. Anscheinend sieht man mir an, dass ich beeindruckt bin.

Als die Mannschaften aufs Feld laufen, wird es richtig laut. Es war vorher schon laut, aber jetzt … 70.000 Menschen bejubeln ihre Mannschaften. Die Manchester-Fans sind eindeutig in der Minderheit.

David stößt mir seinen Ellbogen in die Seite: „Da schau, da ist Christiano Ronaldo!" Wo? Tatsächlich da ist er. Obwohl wir recht weit oben sitzen, kann man trotzdem das ganze Spielfeld super sehen. Jeden einzelnen Spieler. Wir sehen Manuel Neuer, Robert Lewandowski, Paul Pogba und noch viele andere bekannte Spieler.

Der Schiedsrichter pfeift das Spiel an. Die Bayern haben Anstoß und setzen sich gleich mal in der Hälfte von Manchester fest. „Die Bayern beginnen stark!", sagt Papa von rechts. Ich nicke zustimmend, ohne das Spiel aus dem Blick zu verlieren.

Eckball. Kopfball von Lewandowski, aber daneben. Die

Bayern sind in der ersten viertel Stunde die bessere Mannschaft. Aber Manchester hat auch schon zwei gefährliche Konter gehabt. Konter, das sind schnelle Gegenangriffe.

„Die müssen aufpassen, die Bayern. Manchester ist im Konter gefährlich!", versucht sich Papa als Moderator und sagt, was ich denke.

Dann entwickelt sich das Spiel zu einem offenen Schlagabtausch. Beide Mannschaften haben gute Chancen, aber Tore fallen nicht. Zur Pause steht es immer noch 0:0.

Papa und ich bleiben auf den Plätzen. David und Davids Papa müssen zur Toilette. Sie kommen erst kurz nach Anpfiff der zweiten Halbzeit zurück.

„Wo warst du denn solange?", frage ich. „Papa wollte noch etwas zu trinken kaufen, aber da steht man ewig an!" David reicht mir einen Becher Bier. Ich schaue ihn fragend an. „Schau nicht so, ist für deinen Papa", sagt er und hält mir noch einen Becher mit Apfelsaft hin. „Der ist für dich!", lacht er.

Die nächsten zehn Minuten passiert nicht viel. Dann wird ein Spieler von Manchester auf der linken Seite vor dem Strafraum gefoult. Der berühmte Christiano Ronaldo schnappt sich den Ball. Er legt den Ball auf den Rasen, als ob er ein rohes Ei wäre. Ganz behutsam. Dann stellt er sich breitbeinig hin und wartet, bis die Mauer der Bayern eingerichtet ist. „Das macht er immer so!", erkläre ich meinem Vater aufgeregt. Im Stadion ist es plötzlich sehr ruhig. Der Schiedsrichter pfeift. Ronaldo läuft an und schießt. Der Ball geht über die Mauer, senkt sich wieder und landet links unter der Latte. Manuel Neuer streckt sich so sehr er kann, aber gegen diesen Schuss hat er keine Chance.

Ein Raunen geht durchs Stadion. Ein paar Manchester-Fans jubeln. Ja! Super Tor! Ich balle die Faust und juble nur leise. Ich will nicht geschätzte 68.000 Bayernfans auf mich aufmerksam machen. Mein Vater klopft mir auf die Schulter, als ob ich ein Tor geschossen hätte.

Doch meine Freude hält nur kurz. Fünf Minuten später fällt der Ausgleich. Das Stadion tobt. Es ist so laut, dass ich kurz überlege, mir die Ohren zuzuhalten. Aber ich lasse es.

Dann ist das Spiel auch schon wieder vorbei. 1:1. OK. Auch wenn ich gern Manchester als Sieger gesehen hätte - ein Unentschieden ist fair. So ein Sportsmann bin ich. Als wir gehen wollen, zieht mich David zurück: „Warte, wir müssen noch ein Foto machen." Davids Vater knipst ein Foto von uns mit seinem Handy. David und ich halten Justus' Stickerbild in die Kamera und grinsen. Ein Gruppenfoto mit Justus! Der wird sich darüber sicher freuen! Hoffe ich …

In der U-Bahn zum Hotel drücke ich Papa ganz fest. „Danke Papa! Das war echt der Hammer!"

Papa streichelt mir über den Kopf und flüstert: „Das stimmt!"

DIE VERSTÄRKUNG

„Justus!“, rufe ich. Er hört nicht. Ich trete fester in die Pedale. Vor mir fährt Justus mit dem Rad. Als ich näher bin, rufe ich noch mal: „Justus!“. Jetzt hat er mich bemerkt und bleibt stehen. Ich freue mich so richtig, meinen Freund wiederzusehen. Immerhin war er eine ganze Woche nicht da. Und davor war ich zehn Tage nicht da. Also haben wir uns schon mehr als zwei Wochen nicht mehr gesehen. Das ist eine Ewigkeit. Normalerweise sehen Justus und ich uns fast jeden Tag. Auch in den Ferien. Wir geben uns ein High five zur Begrüßung.

Gemeinsam fahren wir zum Bolzplatz. Das ist sowas wie der Fußballplatz in unserem Ort. Aber Fußballplatz kann man eigentlich nicht sagen. Deswegen Bolzplatz. Es ist eine rumplige Wiese, auf der zwei Tore stehen. Kleine Tore. Die haben etwa die Größe von Eishockeytoren, sind aber noch niedriger. Wenn wir auf diese kleinen Tore spielen, dann gibt es keinen Tormann. Es bleibt zwar einer im Tor, aber der darf den Ball nicht mit den Händen abwehren. Also eigentlich ein normaler Feldspieler, der aber halt im Tor bleibt.

„Und, du hast jeden Tag in Kroatien Fußball gespielt?“, fragt Justus mich, als wir gerade am Bolzplatz ankommen. „Fast jeden Tag! Einmal haben wir einen Ausflug mit einem Boot gemacht. Da ist es sich nicht ausgegangen. Der war aber auch cool, der Ausflug. Muss ich dir nachher unbedingt erzählen!“

Wie fast immer sind Justus und ich die Ersten am Platz. Dann kommt Tamara, dann David. Wir sind zwar noch nicht vollzählig, aber um halb zehn fangen wir wie vereinbart an. Ich ziehe den Trainingsplan von Frau Schweizer aus der Klarsichthülle. Wir haben Frau Schweizer nämlich von unserem

Einladungsturnier erzählt. Und Frau Schweitzer hat uns dann einen Trainingsplan zusammengestellt. Speziell für uns. In drei Wochen ist das Einladungsturnier. Da wollen wir topfit und bestens vorbereitet sein. Deswegen wollen wir uns in den nächsten drei Wochen immer montags, donnerstags und freitags treffen. Dienstag ist Vereinstraining mit dem Coach. Ein Tag Pause dazwischen ist wichtig für die Regeneration, sagt Frau Schweizer. Der Körper muss sich nämlich erholen, wenn man sich angestrengt hat. Und diese Erholung des Körpers heißt Regeneration. Und das Wochenende ist für unsere Familie reserviert. Das ist mit allen Eltern so ausgemacht.

Wir beginnen das Schweizer Training, wie wir es nennen. Ihr versteht schon: Frau Schweizer und deswegen Schweizer Training. Wir finden das sehr lustig. Wahrscheinlich sehen wir dann alle aus wie Xherdan Shaquiri. Das ist ein sehr durchtrainierter Schweizer Fußballspieler. Spaß beiseite, wir müssen trainieren. Wir beginnen also mit dem Schweizer Training. „Sorry Leute!", keucht Jan und lässt sein Rad etwas unsanft in die Wiese fallen. „So geht das nicht, Jan! Wir wollen hier ganz ernsthaft trainieren und du kommst schon zum ersten Training zu spät!", sage ich mit erstem Blick. „Aber meine Oma ist hingefallen. Wir mussten uns um sie kümmern!", sagt Jan. „Oh, das ... tut mir leid. Geht es ihr gut?", frage ich kleinlaut. Das war blöd, Jan so anzufahren.

Jedenfalls sind wir jetzt vollzählig und beginnen tatsächlich das Schweizer Training. Ich freue mich, weil jeder topmotiviert ist. Voller Einsatz von allen!

Trinkpause. Wir sind mächtig durchgeschwitzt. „Du Tamara", sagt David und weiß nicht recht, wie er fortfahren soll, „äh ich, also eigentlich, wir haben uns gedacht ...". Justus dauert das zu lange. Er übernimmt: „Tamara, wir haben uns gedacht, du solltest bei uns im Verein anfangen. Du wärst eine

super Verstärkung für unser Team. So eine wie dich könnten wir echt brauchen!“

Tamara schaut uns mit großen Augen ungläubig an. „Ja, ich meine, du willst hier dreimal die Woche mit uns trainieren. Du bist megamotiviert. Das wäre doch eine super Sache!“, füge ich hinzu. „Dienstags ist immer Training mit dem Coach“, sagt Jan, aber das weiß Tamara natürlich schon längst.

„Aber … geht das überhaupt?“, fragt Tamara. „Ja klar! Wir haben schon mit dem Coach gesprochen. Er freut sich über jede Verstärkung“, antwortet Justus. „Aber als Mädchen kann ich doch nicht bei euch Jungs … oder schon?“ „Klar geht das!“, sagen Justus und ich gleichzeitig.

Tamara überlegt. „Ich müsste natürlich Mama fragen“, sagt Tamara nach einer Weile nachdenklich. Dann schaut sie auf und es blitzt in ihren Augen: „Ich bin dabei! Meine Mama hat sicher nichts dagegen! Dienstag muss Mama sowieso arbeiten. Da wird sie sogar froh sein, dass ich beschäftigt bin!“

Wir brechen in Jubel aus und geben uns alle gegenseitig ein High five.

ECHTE FREUNDE

Ich bin sauer. Sauer und enttäuscht. Wir alle sind sauer. Seit einer Woche war David nicht mehr bei unserem Bolzplatztraining. Und beim Dienstagstraining war er auch nicht. Was denkt er sich? Er kann uns doch nicht so im Stich lassen. Ich habe David schon dreimal angerufen. Aber er hat nicht abgehoben. Auf meine Nachrichten hat er auch nicht reagiert. Normalerweise ist David einer, auf den man sich hundertprozentig verlassen kann. Ich verstehe das alles gar nicht.

„Vielleicht ist ihm was passiert", sagt Tamara. „Nein", antworte ich, „Tom hat ihn doch Freitag beim Einkaufen mit seiner Mutter gesehen. Die waren shoppen, während wir uns hier fürs Team abrackern und uns die Füße wund laufen." „Das gibt es doch alles nicht! Wir sollten zu ihm nach Hause fahren und ihn zur Rede stellen!", schlägt Justus vor. Stimmt! Das sollten wir machen. Wir beschließen, morgen nach dem Vereinstraining zu David zu radeln und die Sache zu klären.

Auch beim Vereinstraining am nächsten Tag taucht David nicht auf. „Was ist mit David?", frage ich den Coach. „Solltet das nicht ihr wissen? Ihr seid ja die allerdicksten Freunde!", antwortet der Coach und deutet auf Justus und mich. „Ich weiß nur, dass seine Mutter angerufen hat, um ihn zu entschuldigen."

Äußerst seltsam die ganze Sache. Langsam mache ich mir auch Sorgen. Vielleicht hat er irgendeine schlimme Krankheit, eine schwere Zehenverkrümmung oder so etwas. Ich weiß aber gar nicht, ob es so etwas wie eine Zehenverkrümmung überhaupt gibt.

„Ich muss euch aber sagen, mit Tamara habt ihr einen super Einkauf gemacht! Die ist ja spitze!", sagt der Coach noch.

Wir haben Tamara natürlich nicht wirklich eingekauft. Das sagt man im Fußball so, weil die Profis wirklich um viel Geld gekauft werden. Die Klubs zahlen teilweise Millionen an andere Klubs, damit ein Spieler oder eine Spielerin für sie spielt und nicht mehr für die anderen. Ein Fußballclub aus Paris hat über 200 Millionen Euro an den FC Barcelona bezahlt, damit ein Spieler namens Neymar bei ihnen kickt. Ist doch komplett verrückt, oder? Wie viel Eis das umgerechnet wohl sind? Ich meine, ich habe ja wirklich nur Fußball im Kopf, aber das mit dem vielen Geld verstehe ich nicht so recht. Mir müsste man keine Millionen zahlen, damit ich mit den Besten der Besten kicken darf. Ich würde das gratis tun, weil ich gar nichts anderes lieber machen möchte. 200 Millionen Euro. Davon könnte man jedem Kind, das in Deutschland lebt, 20 Euro geben. Jedem! Das würde sich ausgehen. Da würden sogar noch ein paar Millionen übrigbleiben. Das muss man sich einmal vorstellen!

Nach dem Training radeln wir also zu David. Wir läuten an der Tür und seine Mutter kommt heraus. „Es tut mir leid, aber David sagt, er will nicht mit euch reden. Ich weiß ehrlich gesagt auch nicht, was mit ihm los ist“, sagt sie und wirkt sehr traurig. „So war er noch nie! Kein Training, kein Wort über Fußball!“, sie schluchzt. Wir wissen auch nicht weiter. Justus versucht Davids Mutter zu trösten. Wir bleiben noch ein bisschen am Zaun stehen und schauen zu Davids Fenster. Aber von ihm ist nichts zu sehen. Wir sind auch ratlos.

Nach dem Abendessen sagt Papa, dass er mit mir reden will. Er erzählt mir, dass Davids Papa mit David geredet hat. Und dann hat Davids Papa meinen Papa angerufen. Und jetzt redet Papa mit mir. Ich liege die ganze Nacht wach und denke nach. Und dann habe ich die Idee! Na klar, so kann es funktionieren! Das mach ich! Ich habe einen Plan.

Gleich nach dem Frühstück rufe ich Max an. Der mit den Krokodilstränen. Der vom TuS Baumfeld, der David damals beschimpft hat. „Ich muss von dir etwas wissen. Hast du deine Entschuldigung damals ernst gemeint? Ich meine hundertprozentig? Also ganz echt ehrlich?“

Dann fahre ich zu David. Davids Mama macht mir dir Gartentür auf: „Und, du glaubst, es wird funktionieren?“ „Ich hoffe“, sage ich und setze mich auf die Schaukel.

Nach etwa fünf Minuten kommt David aus der Tür. Als er mich sieht, will er sofort zurück ins Haus, aber Davids Papa hält ihn auf. „Du musst mit Paul reden! Er ist dein Freund! Er will dir helfen. Freunde sind dafür da, dass sie einem helfen, wenn es einem nicht gut geht“, sagt Davids Papa zu ihm. David zögert. Dann nickt er und setzt sich auf die Schaukel, die gleich neben meiner hängt. Er schaut zu Boden und sagt nichts.

„Ich weiß, was los ist“, sage ich, „Papa hat es mir erzählt.“ Da bricht David plötzlich in Tränen aus. Er schluchzt bitterlich: „Weißt du, ich habe einfach Angst! Angst, dass so etwas wieder passiert. So wie damals. Und der TuS spielt auch beim Einladungsturnier! Die werden alle wieder da sein und mich beschimpfen und auslachen. Ich will das nicht.“ „Das wird nicht passieren!“, sage ich ruhig. „Du darfst jetzt nicht erschrecken.“ Ich winke. Max steht an der Gartentür. Wieder fällt mir auf, wie riesig Max ist. Er wirkt noch größer als das letzte Mal. Wieder muss ich an Rübezahl denken. David zuckt fast unmerklich zusammen. „Ich habe heute mit Max telefoniert. Er möchte dir etwas sagen“, sage ich zu David. David nickt. Ich winke Max herein. Er plagt sich mit der Gartentür. „Der Riegel! Du musst über die Tür greifen und den Riegel hochziehen!“, rufe ich zu Max. Er schafft es.

„Also hallo, ich … ich habe gehört, dass es dir nicht gut

geht. Wegen dieser Sache damals. Und ich möchte dir sagen … also ich möchte, dass du weißt, dass meine Entschuldigung hundertprozentig ernst gemeint war. Es war so dumm von mir. Es tut mir wirklich leid!“

David schaut ihn an. „Sicher?“, fragt er. „Ja, tausendprozentig sicher!“, sagt Max und ich merke, dass er mit den Tränen kämpft. David steht auf und umarmt Max. Jetzt kommen Max endgültig die Tränen und er beginnt bitterlich zu weinen. David auch. Und ich auch.

„Und die anderen zwei? Die damals am Spielfeldrand Affe gerufen und gelacht haben?“, fragt David. Wir sitzen inzwischen alle in der Wiese. Davids Mama hat uns Mango-Lassi gebracht. Das ist ein Getränk, das aus Indien stammt und ist so eine Art Trinkjoghurt mit Gewürzen. Und natürlich mit Mango, das ist eine exotische Frucht. Es ist jedenfalls superlecker, zumindest so wie Davids Mama es macht.

„Ganz ehrlich, die zwei sind Idioten. Das sind Zwillinge, die nicht alle Tassen im Schrank haben. Ich bin aus irgendeinem Grund ihr großes Vorbild. Sie machen alles, was ich mache und finden alles toll, was ich toll finde. Um die brauchst du dir keine Sorgen machen! Ich habe einen Fehler gemacht und die zwei haben ihn nachgemacht. Es war ganz allein mein Fehler.“

DAS TURNIER

Der Coach gibt uns die letzten Anweisungen. Es ist das vorletzte Spiel des heutigen Turniers, das letzte Spiel für unsere Mannschaft. Drei Spiele haben wir schon in den Beinen. Und wir haben bisher echt gut gespielt.

„Jetzt im letzten Spiel gegen den TuS geben wir noch mal alles! Den dritten Platz holen wir uns!“, motiviert uns der Coach.

Aber der Reihe nach.

Acht Mannschaften nehmen am Einladungsturnier teil. Diese acht Mannschaften sind auf zwei Gruppen aufgeteilt. Jede Gruppe besteht also aus vier Mannschaften. In der Gruppe spielt jeder einmal gegen jeden. Macht also drei Spiele in der Vorrunde. Und das zweimal zehn Minuten. Das macht allein schon in der Vorrunde 60 Minuten Spielzeit. Gespielt wird auf dem Kleinfeld 8+1, also acht Feldspieler und ein Tormann. Das kennen wir ja schon von dem Spiel gegen die Hausener.

Die Gruppensieger spielen dann im Finale um den Turniersieg, die Gruppenzweiten spielen das kleine Finale, also das Spiel um Platz drei. Macht also vier Spiele bis zum Turniersieg! Oder 80 Minuten Spielzeit. Ich bin hoch motiviert. Alle von uns sind hoch motiviert!

Wir spielen in Gruppe B mit Dynamo Langede, dem FC Sammersbach und dem AK Ehrenhausen auf dem Nebenplatz. In der Gruppe A spielen die Fußballfreunde Freiberg, das sind ja die Gastgeber. Außerdem die Union Malhof, der FK Garching und unsere alten Bekannten des TuS Baumfeld. Sie spielen auf dem Hauptfeld, wo auch die große Tribüne ist.

Am Nebenplatz, wo wir die Vorrunde spielen, gibt es keine Tribüne. Man kann aber trotzdem zuschauen. Mama, Papa und Flora sind da, um uns kräftig anzufeuern. Davids Eltern sind auch da. Und Frau Schweizer. Das freut mich besonders.

„Wir sehen uns im Finale!“ hat Max gerufen, als seine Mannschaft angekommen ist. „Genau!“ hab ich gelacht und Max zugezwinkert. Ich habe David gefragt, ob er ein schlechtes Gefühl hat. „Nö, alles gut!“, hat er kurz gesagt. Ich bin mir nicht ganz sicher gewesen. Das hat David gemerkt: „Ehrlich, du brauchst dir keine Sorgen machen, es ist wirklich alles gut! Konzentrier dich lieber auf unser erstes Spiel. Das müssen wir nämlich unbedingt gewinnen, wenn wir ins Finale wollen.“

Das erste Spiel gegen den FC Sammersbach 2:0 haben wir dann tatsächlich gewonnen. Der Coach hat uns zusammengerufen: „Als nächstes geht es gegen Langede. Die haben Ehrenhausen 4:2 gebogen. Ich glaube, Langede ist der härteste Knochen. Die haben richtig gut gespielt im ersten Spiel. Deshalb werden wir defensiver aufstellen, also die Verteidigung verstärken.“

Auch Langede hat gegen uns defensiver als gegen Ehrenhausen gespielt. Scheinbar haben sie auch Respekt vor uns gehabt. Langede ist vielleicht eine Spur besser gewesen, den Treffer aber haben wir gemacht. Tamara hat ihr allererstes Tor für den Verein geschossen. Und das gegen Langende! Hut ab!

Aber keine Zeit für langes Feiern und High five, wir haben konzentriert bleiben müssen. Trotzdem haben wir uns in der letzten Minute noch ein Freistoßtor eingefangen. 1:1, das hat Punkteteilung geheißen. Das habe ich noch gar nicht erklärt. Für einen Sieg bekommt man drei Punkte, für ein Unentschieden einen Punkt. Und wenn man verliert, bekommt man keinen Punkt. Drei geteilt durch zwei ergibt eineinhalb. So gut bin ich dann doch in Mathe. Also warum es dann Punkteteilung heißt, weiß ich auch nicht genau. Wir bekommen eben einen Punkt für das Unentschieden.

Nach den ersten beiden Spielen sind wir auf Platz zwei in der Tabelle gelegen. Dynamo Langede hat nämlich die bessere Tordifferenz gehabt. Bei der Tordifferenz werden alle Tore, die man in allen Spielen des Turniers schießt, zusammengezählt. Genauso werden alle Tore, die man bekommt, zusammengezählt. Je mehr Tore man geschossen hat und je weniger man bekommen hat, umso besser. Das ist die Tordifferenz: geschossene Tore, minus erhaltene Tore.

Das letzte Gruppenspiel haben wir wieder gewonnen. 3:1. Wir haben hoffen dürfen. Wenn Langede im nächsten Spiel gegen Sammersbach verliert oder Unentschieden spielt, sind wir im Finale. Langede dürfte sogar gewinnen, aber dann dürften sie höchstens ein Tor mehr schießen als die Sammersbacher. Das ist wegen der Tordifferenz so. Ganz schön kompliziert.

Wir haben also gehofft, dass Langede schlecht spielt und Sammersbach gut. Nach drei Minuten ist es aber bereits 2:0 für Langede gestanden. „Nicht gut!", hat Justus gesagt. Ich habe den Kopf geschüttelt. Am Ende hat Langede den armen Sammersbachern fünf Tore geschossen. Wir sind enttäuscht gewesen. Obwohl wir kein Spiel verloren haben, sind wir nur auf Platz zwei. Außerdem haben wir die wenigsten Tore bekommen. Trotzdem nur Platz zwei. Der Traum vom Finale ist geplatzt.

Der Coach hat uns gleich motiviert: „Ihr habt super gespielt! Ich verstehe, dass ihr jetzt ein bisschen traurig seid, dass es mit dem Finale nicht geklappt hat. So ist es manchmal im Fußball! Aber wir stehen im kleinen Finale! Das ist auch ein großer Erfolg. Das war unser Ziel: Besser als im Vorjahr. Und das haben wir jetzt schon erreicht. Ganz egal wie das Spiel um Platz drei ausgeht. Wir sind mindestens vierter! Aber wir haben auch die Chance auf den dritten Platz! Jetzt im letzten Spiel gegen den TuS geben wir noch mal alles! Diesen Sieg holen wir uns!".

Die Ansprache vom Coach hat gewirkt. Wir sind wieder voll motiviert und wollen alle unsere Kräfte noch mal zusammennehmen. Unser Gegner ist wie gesagt der TuS. Die sind in ihrer Gruppe auch zweiter geworden, hinter der Union Malhof. Und das letzte Spiel gegen den TuS haben wir gewonnen. Das ist auch eine Motivation.

Also jetzt: Anpfiff. Ich stehe in der Startaufstellung, David und Tamara auch. Justus sowieso. Wir machen ein richtig gutes Spiel. David hat zwei große Chancen, die er aber auslässt. Zur Pause steht es 0:0.

Nach dem Seitenwechsel merkt man, dass uns etwas die Kräfte verlassen. Die drei Spiele am Vormittag bei schönstem Sommerwetter merken wir jetzt. Der TuS gewinnt die Oberhand. Es gelingt ihm aber kein Tor. Ich bin der Abwehrchef und wir halten dicht. Die wenigen Bälle, die es durch unsere Abwehr schaffen, hat Justus. Er ist wirklich ein Ass im Tor. Am Ende steht es 0:0.

Fragend blicken wir zum Coach: „Was jetzt?" „Na Elferschießen, kommt her!" Elferschießen! Das Spannendste, was es im Fußball gibt! Wir sitzen am Feld und trinken. Der Coach geht mit uns die Reihenfolge der Schützen durch. Ein sicherer Schütze soll am Beginn schießen. David beginnt. Dann komme ich an die Reihe, nach mir Jan, dann Tamara und zum Schluss Kris.

Wir geben uns alle noch High five und müssen uns dann im Mittelkreis aufstellen. Es wird immer abwechselnd geschossen. Aber zuerst wird ausgelost, wer beginnt. Wir fangen an. David geht allein zum Elferpunkt und legt sich den Ball auf. Der Schiedsrichter pfeift und David läuft an. Flach ins linke Eck, der Tormann des TuS hat keine Chance. 1:0. Max trifft für den TuS als erster Schütze. Justus ist knapp dran, aber der Ball ist zu gut geschossen. Dann bin ich dran. Ich spüre mein Herz klopfen. Ich bin sehr aufgeregt. Ich atme noch einmal tief durch, dann der Pfiff. Elfmeter habe ich geübt. Meine Spezialität ist es, mit dem Außenrist ins rechte Eck zu schießen. Normalerweise schießt man meistens mit der Innenseite des Fußes. Ich habe aber viel Gefühl, wenn ich mit der Außenseite des Fußes schießen kann, dem Außenrist. Das können nicht viele. Ich laufe an und treffe halbhoch ins rechte Eck. Der Ball berührt sogar noch die Stange und wird von ihr abgelenkt. Aber – und das ist das Wichtigste – der Ball ist im Tor. Ich strecke die Faust in die Luft. Mama und Papa jubeln ausgelassen. Flora hat etwas in der Wiese entdeckt, das anscheinend spannender ist als Elferschießen.

Den nächsten Ball hält Justus. Wir führen! 2:1. Jan ist der Nächste. Er läuft an und schießt – daneben? Das gibts doch nicht! Jan trifft doch immer! Doch schon ist wieder der TuS an der Reihe: Treffer. Es steht 2:2 nach drei Schützen. Tamara ist unsere vierte Schützin, sie fackelt nicht lange und drischt den Ball unter die Latte. Wahnsinn! Doch auch der nächste Gegner trifft. Justus hat sich für die falsche Ecke entschieden. Denn oft springen die Torhüter auf gut Glück in eine Ecke. Haben sie zufällig die richtige Ecke erwischt, sind die Chancen nicht schlecht den Ball zu halten. Wenn nicht, dann eher nicht.

Es steht 3:3. Die letzten Schützen entscheiden. Falls dann immer noch Gleichstand ist, kommt jeweils ein weiterer Schütze aus jeder Mannschaft dran. Bis eine Entscheidung fällt.

Kris geht zum Elferpunkt. In seiner Haut möchte ich jetzt

nicht stecken. Der Rest der Mannschaft fiebert im Mittelkreis mit. Es ist kaum auszuhalten. Kris läuft an und … schießt an die Stange. Kein Tor! Nein! Nein! Das gibts doch nicht! Jetzt hängt alles vom letzten Schützen vom TuS Baumfeld ab. Ich mache es kurz: Er trifft!

Der TuS jubelt, wir nicht. Wir haben im Elfmeterschießen verloren! Wir sitzen am Feld. Kris und Jan sind am Boden zerstört. Wir trösten sie. Hätte ja wirklich jedem von uns passieren können.

Der Coach kommt mit Frau Schweizer zu uns. „Jungs – und Tamara", sagt er, „ich weiß ihr seid jetzt zu Tode betrübt. Aber ich muss euch sagen, das war ein Spiel, das war an Spannung gar nicht zu überbieten! Ihr habt euch super geschlagen. Ich muss euch von Herzen gratulieren! Elfmeterschießen ist immer Glückssache. Einer gewinnt, einer verliert!"

Es hilft uns tatsächlich ein wenig. Auch Frau Schweizer kann uns etwas aufmuntern: „Auch wenn ihr jetzt traurig seid, ihr könnt wirklich stolz auf euch sein!"

Ich schaue zu Mama und Papa. Mama schickt mir einen Kuss und klatscht uns Beifall. Papa macht eine Was-soll-man-machen-Körperbewegung und nickt mir dann lächelnd zu.

Die Spieler vom TuS kommen. Wir sitzen und liegen noch immer am Mittelkreis. Die Jungs vom TuS gehen durch unsere Reihen und schlagen mit jedem Einzelnen ein und gratulieren uns. Auch die Zwillinge.

„Kopf hoch!", sagt Max und setzt sich zu David, Justus und mir, „Das war ein grandioses Spiel! Das nächste Mal gewinnt ihr wieder". Max ist echt OK. Ja, Max und der Coach haben Recht, mal gewinnt man, mal verliert man. Das ist das Spiel und im Leben ist es manchmal auch nicht anders.

„Wir haben übrigens jetzt auch ein Stickeralbum. Und ich muss dir sagen, mein Foto ist echt furchtbar. Ich sehe aus wie

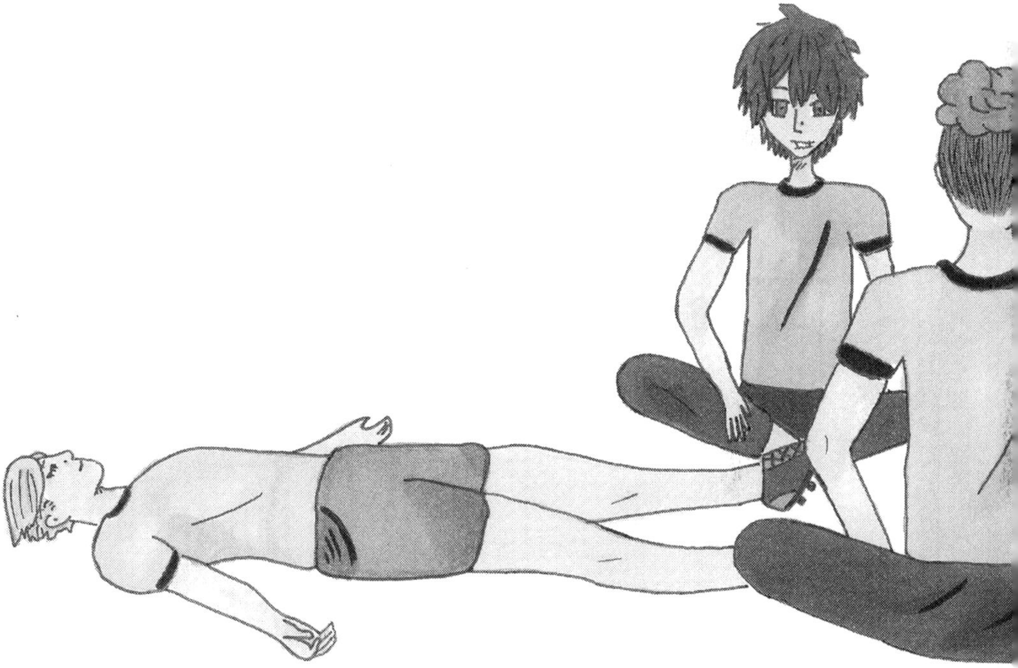

Rübezahl", sagt Max. Ich liege am Boden und schaue in die Wolken. Und kann schon wieder lachen.

Fragen? Anregungen?

Sie haben Fragen zum Buch, Anregungen oder vielleicht auch einen Verbesserungshinweis, den Sie mir gerne mitteilen wollen? Sie möchten sich mit mir zu der Geschichte austauschen?

Gerne stehe ich Ihnen für Ihr Anliegen unter meiner E-Mail-Adresse zur Verfügung und freue mich auf Ihre Nachricht! Nichts ist schöner, als mit Lesern in direktem Kontakt sein zu dürfen!

raspin2021@gmail.com

Ihre Meinung zählt und ist sehr wichtig für den weiteren Erfolg dieses Buches! Aus diesem Grund habe ich noch eine Bitte an Sie!

Über ein Feedback zu meinem Buch würde ich mich freuen! Denn nur so weiß ich, ob ich auf dem richtigen Weg bin und meine Geschichten eine Bereicherung für junge Leser darstellen.

Erleichtern Sie anderen Kunden die Kaufentscheidung.
Ihre Bewertung zählt!

Ganz einfach QR-Code mit ihrem Mobiltelefon scannen und bewerten.

Printed in Germany
by Amazon Distribution
GmbH, Leipzig

31216871R00061